本书受　国家现代农业（柑橘
　　　　　　　　（编

中国柑橘产销预警系统构建及应用研究

● 熊巍　著

世界图书出版公司

广州·北京·上海·西安

图书在版编目（CIP）数据

中国柑橘产销预警系统构建及应用研究 / 熊巍著 . —广州：
世界图书出版广东有限公司，2018.3
ISBN 978-7-5192-4497-2

Ⅰ . ①中… Ⅱ . ①熊… Ⅲ . ①柑桔类—销售—预警系
统—研究—中国 Ⅳ . ① F762.3

中国版本图书馆 CIP 数据核字（2018）第 046609 号

书　　名	中国柑橘产销预警系统构建及应用研究	
	ZHONGGUO GANJU CHANXIAO YUJING XITONG GOUJIAN JI YINGYONG YANJIU	
著　　者	熊　巍	
责任编辑	李　茜　刘文婷	
装帧设计	楚芊沅	
出版发行	世界图书出版广东有限公司	
地　　址	广州市海珠区新港西路大江冲 25 号	
邮　　编	510300	
电　　话	（020）84459702	
网　　址	http://www.gdst.com.cn/	
邮　　箱	wpc_gdst@163.com	
经　　销	新华书店	
印　　刷	虎彩印艺股份有限公司	
开　　本	787mm×1092mm　1/16	
印　　张	12.75	
字　　数	196 千字	
版　　次	2018 年 3 月第 1 版　　2018 年 3 月第 1 次印刷	
国际书号	ISBN 978-7-5192-4497-2	
定　　价	38.00 元	

目　录

图 目 录

表 目 录

前　言

　　中国是全球柑橘生产和消费大国。自 1978 年以来，改革开放为中国柑橘产业发展注入了活力，经过三十多年的快速发展，目前柑橘产业已经成为福建、广东、浙江、江西、湖南、湖北、广西、四川、重庆等八省一直辖市农村经济发展和农民增收的主要手段，同时也为满足国内外消费者日益增长和变化的消费需求及扭转国内贸易逆差做出了重要的贡献。截至 2015 年，中国柑橘产量为 3492.66 万吨，种植面积为 2521.35 千公顷，均居于全球首位。然而，在柑橘丰产的同时，我们也发现"卖橘难"问题成了柑橘销售的常态，无论是柑橘产销两端价格"一低一高"的怪象，还是近年来市场行情的频繁波动及冰雪灾害、"大食蝇"等突发事件的毁灭性打击，都充分暴露了当前柑橘产销中的脆弱性和不稳定性。不可否认的是，在价格涨跌风暴中，柑橘产业链最上游的橘农成为其最大受害者，一场"果贱伤农"的风波正在蔓延。为了平衡柑橘产销，促进橘农增收，稳定价格，保证柑橘产业的良性有序发展，在借鉴发达国家健全、先进的农产品监测预警系统的基础上，建立中国柑橘预警系统并有效运行无疑具有重要的理论价值与实践意义。

　　本书主要是以中国柑橘生产销售环节作为研究对象，从以下几个方面进行研究：首先，针对中国柑橘产销的实际情况，结合宏观经济发展特点，构建柑橘产销预警指标体系；其次，使用统计预警、指数预警和模型预警三种预警方法对中国柑橘产销进行综合预测、预警；再次，利用情景分析法和案例推理技术，设置基于"情景—案例"的柑橘产销突发事件风险预警系统；最后，设计柑橘产销预警软件，初步实现预警系统的实际应用，并给出结论和对策建议。具体研究内容和结论如下：

（1）柑橘产销现状及成因分析。根据对中国柑橘生产和销售的历史数据进行分析发现以下问题：中国柑橘产量高，种植面积大，但由于小规模分散经营和种植技术及果园管理手段落后，导致单位面积产量低下，还远远落后于世界其他柑橘大国，甚至低于世界平均水平；中国的柑橘成熟期比较集中，供应期结构不合理，柑橘品种结构尚需进一步优化；中国柑橘采后处理、加工环节还处于较低水平；柑橘产业化程度不高，没有具有高品牌知名度的柑橘产品；同时中国柑橘产品大部分属于国内销售，出口比例偏少，而国内市场销售阻力大；由于信息不对称，橘农风险意识薄弱，导致宏观经济和突发事件等极易影响柑橘的生产和销售。了解柑橘产销现状及其成因后，一方面可以从生产供给与加工、产业化、营销流通、信息服务等方面着手，制定针对性的政策和措施来缓解柑橘产销矛盾。另一方面，可以实现柑橘产销预警研究的第一个环节即明确警义，为后续产销预警系统的构建奠定基础。

（2）柑橘产销预警指标体系的构建。预警指标体系的构建和指标的分类是柑橘预警系统中的重要环节，它可以明确影响中国柑橘产销的警情指标、警源指标和警兆指标及各预警指标的时滞作用，是进一步进行柑橘预警工作的基础，是实现柑橘产销预警系统的关键步骤。首先，通过分析确定了以柑橘生产者价格增长率作为柑橘产销的警情指标，并从自然警源、外生警源和内生警源三方面分析了柑橘产销警情产生的原因；其次，根据警情和警源指标设置了柑橘种植面积增长率、农业机械总动力增长率、受灾面积增长率、农业生产资料零售价格指数、城镇居民人均可支配收入增长率、农村居民人均纯收入增长率、城镇居民人均水果消费量增长率、人口自然增长率、柑橘出口量增长率、通货膨胀率、有效灌溉面积增长率、农业支出占财政支出比重、苹果生产者价格增长率、柑橘单产增长率、柑橘平均每亩生产成本增长率和柑橘进口量增长率 16 个警兆指标；最后，经过时差相关分析、聚类分析和峰谷分析方法的综合判断最终得到影响柑橘价格变动的 8 个先行指标、5 个同步指标及 3 个滞后指标。这些指标对中国柑橘的生产和销售有着较好地预测预警和监控作用。我们可以随时监控这些指标的变动，根据这些指标的变动范围来初步判断柑橘产销警情的发生，对可能出现的产销问题进行防范。

（3）柑橘产销综合预警分析。产销预警分析是柑橘预警系统中的核心环节。在柑橘产销预警指标体系的基础上，对柑橘产销进行了统计预警、指数预警和模型预警。第一，柑橘产销统计预警，主要是对柑橘产销警情指标和警兆指标分别设立警限和警度，并建立预警信号灯系统来对产销情况进行预测预警。对警情指标的警限和警度的设立分类使用了年度数据和月度数据，其中年度警限的设立综合了多数原则、少数原则、半数原则和物价原则的结果，在专家经验判断下最终确定；月度警限则是使用了风险价值法（VaR）进行确定。根据警限区间对警度进行对应设定，并建立了预警信号灯系统。根据映射法对 8 个先行警兆指标的预警警限、警度进行了同步设定，并对其预警结果是否有效进行了检验。第二，以柑橘产销预警指标体系为基础，以熵权法确定权重的扩散指数和合成指数法为编制方法，分别编制了柑橘产销预警的先行指标扩散（合成）指数序列、同步指标扩散（合成）指数序列和滞后指标扩散（合成）指数序列。第三，选择智能预警方法——BP 人工神经网络来构建柑橘年度产销预警模型，预测预警结果较准确地拟合出柑橘产销风险的实际情况；以橙子月度价格数据为样本，通过检验、筛选，构建了适合橙子市场价格的组合预测预警模型，并据此模型对橙子市场价格进行短期预测预警。结果表明，组合预测模型的预测误差均小于单项预测模型的预测误差，组合预测能提高预测预警的精度。

（4）柑橘产销突发事件风险预警。适时构建合理的柑橘产销突发事件风险预警体系，能够将突发事件风险对产销各环节的损害降到最低，避免橘农、消费者、经销商乃至整个柑橘产业受到严重打击。本文根据情景分析法和案例推理技术，设置了基于"情急—案例推理"原理的柑橘产销突发事件预警系统，主要结论如下：第一，根据柑橘产销链特点及突发事件风险的常见诱发因素，可以将其大致分为生产型突发事件风险、需求型突发事件风险和运营型突发事件风险三类。第二，根据情景分析法和案例推理技术，将柑橘产销突发事件风险的案例推理过程分为情景描述、情景检索和情景匹配及调整三个步骤，结合"情景—案例"预警原理建立的柑橘产销突发事件风险的预警流程，包含风险数据采集、风险识别和风险评估、风险预警三个预警子系统。第三，针对柑橘的产销链管理目前还处于较为原始和落后的状态提出了相应的预警对策，应加强有效地预警制度、预警信息采集制度的建立，还应该建设好信息共享平台，并联合制定应急预警方案。

（5）柑橘产销预警软件的设计与实现。是在柑橘产销预警分析的基础上，利用软件技术将具体的柑橘产销预警的理论方法和模型分析软件化，为用户提供预警信息使用的过程。该软件基于面向对象的编程思想进行设计，由目前最流行的 Windows 平台应用程序开发环境 Visual Studio 2010 与 Matlab 2012a 混合编程实现。该软件包括 5 个功能模块：数据输入模块、统计预警模块、指数预警模块、模型预警模块和数据查询及返回模块。以易操作性、面向对象编程、通用性、可维护性与可扩展性为设计原则能够灵活高效、方便快捷地实现柑橘的生产和销售的数据查询、数据添加和数据删除功能，同时还能完整实现各类预警算法，并具有较好的可扩展性。

最后，还从完善柑橘产销预警基础数据库的建设、提升产销预警分析的技术能力、规范产销预警信息发布查询渠道和合理应用柑橘产销预警结果等几个方面对柑橘产销预警工作未来的发展提出了具体的对策建议。

本书可能有的创新之处：①在预警指标体系构建上，已有的各种农产品预警文献中在对预警指标体系中警兆指标的时滞划分多采用时差相关分析法，本文采用时差相关分析、聚类分析、峰谷对应图三种方法并结合定性分析最终确定指标时滞，避免只采用一种方法造成的片面性和不准确性，使得结果更具可靠性。②在由统计预警、指数预警和模型预警构成的综合预警分析中，以往研究中的统计预警多采用传统的统计方法和系统方法来确定预警指标的警限和警度，本书将风险价值法（VaR）引入柑橘产销预警警情指标的警限设置中，这为预警指标警限和警度的设置提供了新的方法；在模型预警中以时间序列模型、智能预测模型的预测结果为基础，以误差平方和最小为最优准则构建柑橘市场价格短期预测预警的组合模型，提高了柑橘产销预测预警的效果和稳健性。此外，在综合预警分析的基础上，设计了柑橘产销预警软件，为其进一步的具体应用奠定了基础。③使用情景分析法和案例推理技术构建了柑橘产销突发事件预警系统，丰富了突发事件风险预警的方法。

第1章　导　论

1.1　研究背景与意义

1.1.1　研究背景

农产品是人类赖以生存和发展的物质基础,其价格变动与市场走势直接关系着生产者和消费者的切身利益,影响着国民经济的健康运行。在市场经济高度发达的今天,为了及时、准确地掌握农产品市场的变动趋势,人们对农产品信息的充分性、渠道的畅通性要求越来越高。因此,随着世界农产品贸易的日渐活跃,为了及时预测可能出现的农产品市场的重大波动,以便采取有效措施来降低损失,农产品市场监测预警工作逐渐受到各国重视。

早在1975年,联合国粮农组织(FAO)就已建立了一个世界性农业预警系统"全球农业信息预警系统(GIEWS)",根据组织中的成员国提供的相关数据信息进行综合分析,及时汇报世界各国及地区的农产品市场发展情况,预测全球农产品市场未来的发展趋势,用以作为各国及地区制定农业政策的依据和参考。据联合国粮农组织(FAO)对120个国家的调查显示,截至2003年已经有53个国家或地区建立了具有一定监测预警功能的农产品市场信息体系,而近13年来,越来越多的国家和地区也纷纷建立和完善了农产品监测预警系统。发达国家早已形成了从农产品信息采集、信息加工到信息发布的完整预警体系(范小建,2003)。以美国为例,美国农业部已经建立了一套较为完善的农产品信息分析预警体系。该体系由世界农业展望局牵头协调开展农业短期和中长期预测研究，由政府部门、研究单位和大学组成跨部门整合研究方式，拥有强大的数据、先进的模型分析工具和高素质的分析人才，用以提供可靠、客观、及时、透明和准确的全球农业生产数据及市场信息（许世卫，2012）。此外，日本政府也非常重视农产品预警工作，农林水产省一方面建立了一整套完整的国内农业信息体系，另一方面还建立了完善的农产品产销监测预警和信息服务系统。当然，发展中的国家和地区也逐步启动了相关的农产品预警工作。例如，FAO曾于1991年7月举办了有关亚太国家和地区的农产品预警工作现状和发展的会议，印度政府农业部与合作组织（DAC）在1998年成立了为区、州和国家各级政府提供作物产量预测的全国农作物预报中心（NCFC）。

在中国，使用遥感技术对农业进行监测预警始于20世纪70年代末，到了2004年已经广泛运用于中国农业的监测和管理，但主要集中于农作物生产方面的预警。而农产品预警与传统的农业信息工作不同，需要将所有的农产品信息渠道加以分类整合，组建专门的分析专家队伍，构建预测预警系统。2002年，中国开始着手建设农产品市场预警系统，首先对包括玉米、小麦、棉花、大豆、糖料5种国际联动性强的农产品开始进行监测分析，从生产、需求、储备、价格、成本、进出口贸易等方面进行跟踪监测，按照无警、轻警、中警、重警4个警度，每月提供有关供求平衡、进口影响、生产收益的监测预警报告，作为政府有关部门进行决策的依据。随后又在此基础上增加了稻谷和油料两个品种。此后每年，中国都会扩大农产品监测预警范围，并定期发布农产品市场监测预警信息，引导农产品生产经营者根据预警结果对生产结构进行相应调整，适时采取措施来避免或减少市场风险造成的损失。农业部农产品市场监测预警系统建设以来已经能对主要农产品价格走势和市场供求的动态进行监测及适当预警。该系统向农产品信息使用者提供及时、准确、有效的市场监测预警信息，为解决小规模生产与大市场、大流通的矛盾发挥了重要作用，为政府有关职能部门制定农业发展政策提供了重要依据。2012—2016年中央一号文件连续提出，要"加强国内外农产品市场监测预警，稳定国内农产品市场""健全重要农产品市场监测预警机制""健全农产品市场调控制度""改革农产品价格形成机制。"国务院印发的《全国现代农业发展规划（2011—2015）》也明确指出要强化农产品产销信息引导，加强农产品市场监测预警体系建设。"十三五"规划中明确提出"建设全球农业数据调查分析系统，定期发布重要农产品供需信息，基本建成集数据监测、分析、发布和服务于一体的国家数据云平台"。因此，我们应该把农产品市场监测预警工作作为下一阶段农业工作的重点，继续加大农产品市场监测预警信息的发布力度，提供更多、更好的农业信息服务。一方面增加农民的收入，另一方面通过发展生产、稳定价格、促进流通来努力实现农产品产销平衡。

尽管通过"金农工程"的实施，农业部建立了农产品市场预警系统，市场监测预警工作取得了明显成效，但目前还远远落后于美国、欧盟、日本等发达国家，存在的问题主要有两个方面：第一，预警网络体系不健全。农业部建立的农产品市场预警系统还只是数据监测分析和经验预警。全国也只有一部分省市建立了区域农产品市场预警系统，部分省市正在筹建或只是将农产品预警系统的建立提上议事日程。各省市所下辖的县、镇虽然也建有农业信息网，但网站提供的农产品信息比较陈旧，缺乏实用价值，不能对农产品生产和销售进行有效预警。因此，完善的农产品市场预警系统并没有真正建立起来，实现对农产品的全面跟踪监测预警工作任重而道远。第二，目前建立的农产品市场预警系统涵盖的品种较少，一些对当地农业经济起支撑作用，影响农民增收的具有区域优势的蔬菜、瓜果、水产、食用菌、花卉等农产品，尚未纳入农产品市场监测预警系统，无法利用预警系统指导这些农产品的生产和销售。

水果是中国种植最多的农产品之一，1984 年果品实行了全面放开经营，水果产业率先进入市场经济。价格放开、自由购销的果品购销新政不仅极大地调动了果农的生产积极性，促进各种果业的飞速发展，满足城乡居民日益多元化的需求，也在一定程度上为中国农业和农村的改革和发展做出了贡献。自 1993 年起，中国水果总产量和种植面积就双双位居全球第一，水果产业发展势头良好，水果市场已由供不应求逐渐转为供过于求。随着供求形势的转变，部分品种水果的销售出现问题，由于消费需求不旺，导致果品价格下滑，进一步加剧水果供求矛盾，许多地方开始出现大片砍挖果树、废弃果园的现象，果农生产积极性受到极大的打击。此外，国内水果需求不足，出口量比重小，加之鲜果集中采摘上市导致的阶段性滞销积压现象屡有发生。由于中国经济保持快速稳步增长，人民的生活水平和生活质量明显提升，使得水果产业具有较大的市场潜力。但事实上近年来水果产量面积的快速增长与水果消费的停滞不前形成了鲜明的产销矛盾，同时，中国的绝大多数果农的生产行为都存在着极大的盲目性，他们基本上不知道今年生产的水果明年是否能赚钱，也不太清楚生产出来的水果应销往何地，未来的市场行情如何，可供选择的流通渠道有哪些。因此，当小规模分散生产遭遇大规模市场时，往往成为沧海一粟，其抗击产销风险的能力十分薄弱。面对中国当前水果生产和销售的形势、存在的问题和未来的发展趋势，建立行之有效的预测预警系统已经刻不容缓。只有在及时有效进行预测预警的基础上，才能够对中国的水果生产和销售进行正确的指导，才能够为中国政府的宏观调控提供合理化建议，从而有效地保证中国水果产业健康快速的发展。

本文选择在水果品种中比较有代表性的柑橘作为研究的对象，主要是鉴于以下几点考虑：

第一，中国是世界柑橘原产地，早在距今 4000 多年前就出现了柑橘种植，夏朝时，产自中国南方五省的柑橘就被用作贡税之物。经过长期的发展，柑橘已经逐渐成为人类最为喜爱的水果之一。2015 年，中国柑橘产量为 3492.66 万吨，种植面积为 2521.35 千公顷，均居世界首位。近年来柑橘产业快速发展，为中国南方八省一直辖市柑橘主产区的农村经济发展做出重要贡献，对增加当地农民收入、改善当地农民生产和生活环境等起到了积极推进作用。

第二，柑橘是全球种植面积和产量最大的水果品种，其果实外形美观、颜色鲜艳，口感甘甜多汁，营养丰富。它不仅可以用于鲜食，还可以通过加工制成柑橘汁、柑橘果脯、柑橘酒、橘瓣罐头等各种产品，深受广大消费者喜爱。柑橘在世界水果生产和消费中扮演着重要角色，一直以来都备受关注。

第三，2007 年 12 月 21 日，作为中国农业科技创新体系建设进程中的标志性会议"现代农业产业技术体系建设试点启动大会"在北京召开，将水稻、玉米、小麦、大豆、油菜、棉花、柑橘、苹果、生猪、奶牛 10 个产业作为首批建设试点。可见在中国的水果产业中,柑橘是第一批进入现代农业产业体系的水果品种,对它进行预警研究可以为其他水果的预警工作提供重要的借鉴作用。

第四,柑橘产业的发展也存在水果产业发展的通病:单产低、品质较差、种植结构不合理,熟期供应期集中、产后加工能力低下,产业化经营还处于初级阶段,流通体系不畅,"卖橘难"问题突出,橘农增收困难。加之最近几年接二连三地发生了柑橘雪灾冻害、"大食蝇"等突发事件。这更需要及时建立相应的监测预警系统来指导柑橘的生产和销售。

1.1.2 研究意义

面对中国柑橘市场当前的形势、存在的问题和未来的发展趋势,建立有效的预警系统已经刻不容缓。在这种背景下,对柑橘产销预警问题进行研究具有重要的理论和现实意义。

(1)准确、及时地评价当前中国柑橘发展的态势。预警系统通过科学合理的选择反映柑橘产销状况的预警指标,并利用统计预警、指数预警、模型预警来系统地评价当前中国柑橘生产和销售的发展态势,即描述中国柑橘产业当前产销状况的冷热程度正常与否,这是我们建立柑橘产业产销预警系统的基本目标。

(2)提供完善的柑橘产销信息服务。对柑橘生产、销售的信息化进行探索,研究建立柑橘产销监测预警系统和信息体系,初步建立柑橘产业信息化体系,通过加强柑橘市场价格、供求关系、种植技术等各类信息的收集、整理、分析、发布,促进柑橘产前、产中、产后全产业链信息的有效对接,为橘农、企业及其产业经济组织的生产经营决策提供及时、准确、有效的监测预警信息,引导他们以市场为导向,调整优化柑橘产销结构,有效避免柑橘产销的盲目性和趋同性,规避产销风险,减少损失,进而提高效益,增加收入。

(3)有效调控柑橘的产销关系。准确地预测柑橘的产销价格,可以为政府和研究机构提供决策依据,处理好生产和销售的相关关系,制定柑橘产销一体化的长效机制,建立有计划性、组织性的柑橘产销模式,避免盲目的价格调节和片面的地方利益保护,从而对柑橘的生产和销售进行有效的指导。这样既可以刺激橘农的生产积极性,又可以促使中国的柑橘产业健康稳定地发展。

(4)控制国际柑橘市场对中国柑橘市场的冲击。橙汁的大量进口,特别是品质优良、价格便宜的巴西等国的进口橙汁占据了中国的柑橘汁市场。对中国柑橘产销进行预测预警,可以为各级政府制定对策提供依据,以减轻国际柑橘市场对国内柑橘市场造成的冲击。

(5)对突发事件风险进行应急管理。在各类突发事件频发的农业大环境下,柑橘产业不可避免会遭遇到自然灾害、病虫害、环境污染、产品质量问题、价格巨幅波动等突发事件影响,而突发事件会对柑橘的生产、销售和运营带来风险并造成无法预估的损失。基于此,及时构建合理的柑橘产销突发事件风险预警系统,能够对突发事件进行应急管理,将突发事件风险对产销各环节的损害降到最低,避免橘农、消费者、经销商乃至整个柑橘产业受到严重打击。

1.2 相关概念的界定

1.2.1 柑橘

柑橘水果原产于中国。据记载,早在 4000 多年前的华夏大地,柑橘就作为上贡纳税之物种植于江苏、江西、安徽、湖北、湖南等地,尤其是湖北、湖南的柑橘种植业十分发达。南北朝时人们就将柑橘分为"柑、橘、橙、柚"四大类,宋代以后,又用"柑橘"一词取代了"橘"的说法,作为该品种的总称。这一分类和名称一直沿用到今天。柑橘是芸香科柑橘亚科类植物,大部分适合栽培在热带、亚热带地区,其中具有经济价值的品种都分布于枳属、柑橘属和金柑属,目前世界上的柑橘主产国种植的大都是柑橘属品种。

由于柑橘富含多种维生素、微量元素、膳食纤维和抗癌活性成分,加上其口感鲜甜,深受人们喜爱。据统计,柑橘已遍植全球 135 个国家和地区,是名副其实的世界第一大果。2007 年以来,中国已经成为世界上最大的柑橘主产国。目前全国共有 20 个省(市、自治区)生产柑橘,其中浙、赣、湘、鄂、川、渝、闽、粤、桂和台湾 10 个省（市、自治区）是柑橘的主产区。

根据国际上通用的分类标准，柑橘属水果具体包括甜橙、宽皮柑橘、柠檬和酸橙、葡萄柚和柚及其他柑橘类水果。本书中所界定的柑橘，根据所选指标的数据来源及其统计口径区分为中国标准和国际标准两种。

1.2.2 产销

所谓生产，也称社会生产，它是人类创造财富和繁衍子孙后代的活动及过程。农业生产是社会生产的一种，一般是指人类利用土地、劳动、资本和技术等要素从事农作物种植和畜禽等的饲养，获得农产品的过程。所谓销售，就是生产者将商品或服务有偿提供给消费者以满足其需要的活动过程。农产品销售是销售中的一种，一般是指农产品生产者将其生产的农产品通过各种有效方式出售给消费者的活动过程。本书中所界定的柑橘产销属于农产品生产和销售的范畴，特指柑橘生产、流通、消费的全过程。

1.2.3 预警

预警最早来源于军事中对敌人进攻信号的预判，以便提前制订应对作战计划。一般可以理解为在需要防范的灾害和风险来临前，根据可以观测的相关征兆结合已有经验做出的提前警告，从而尽量避免和减轻可能产生的损失。随着社会的不断发展和进步，预警的思想和方法逐渐出现与使用于政治、经济、气候、环保、医学、农业、交通等各个领域，并逐步走向智能化和集成化。科学的预警是围绕某一特定目标，在对其现状和未来进行评价及测度的基础上，利用适当的预警指标和预警方法来定量测度某种状态偏离警戒区域的强弱程度而发出预警信号的过程，并据此采取相应的措施来规避风险、减少损失。预警系统是应用预警理论和方法，确定警情的发生和程度，提前发布警报信息的系统。预警系统一般由预警咨询子系统、预警决策子系统、预警执行子系统和预警监督子系统构成，包括发现警情、寻找警源、分析警兆及采取正确的预警方法将警情排除的全过程。

本书的研究属于农产品产销预警系统的研究范畴，具体而言就是对柑橘的生产、需求、进出口和市场价格波动进行的动态监测预警，为相关政府部门、橘农、柑橘批发零售商、消费者等信息使用者提供决策参考的系统。

1.3 问题的提出与研究目标

1.3.1 问题的提出

无论是近年来柑橘产销价格的频繁波动还是冰雪灾害、"大食蝇"等突发事件的毁灭性打击，都充分暴露了当前柑橘生产和销售中的脆弱性和不稳定性。不可否认的是，在价格涨跌风暴中，柑橘产业链最上游的橘农成为其中最大受害者，一场"橘贱伤农"的风波正在蔓延。究其原因主要是橘农对柑橘批发商缺乏议价能力、柑橘生产主体仍以小农户为主、缺乏有效市场信息、行业信息预警机制不完善等因素。为了平衡柑橘产销，促进橘农增收，稳定价格，保证柑橘产业的良性有序发展，在借鉴发达国家健全、先进的农产品监测预警系统的基础上，建立有效的中国柑橘产销预警系统并有效运行已经刻不容缓。目前，中国农业部建立的农产品市场预警系统还未实现对具有区域优势的蔬菜、水果、水产、食用菌、花卉等农产品的全面动态监测和有效预警。基于此，本书将在全面分析中国柑橘产销现状和成因的基础上，系统构建柑橘产销预警系统，设计柑橘产销预警软件，以对该领域进行初步探索性研究。

1.3.2 研究目标

本书通过对有关柑橘生产、流通等各项相关数据和国民经济的宏观数据的收集，定量分析模型的构建，建立起一套适合中国柑橘产销的预警系统，促进柑橘产前、产中、产后信息的有效对接，为柑橘领域的农户、企业及其经济组织的经营决策提供信息服务，实现以下具体的研究目标：

（1）从中国柑橘生产和销售两方面的历史和现状出发，明确中国柑橘产销的总体形势和存在的问题，即明确警义，这是进行柑橘产销预警研究的基础。

（2）从柑橘产销预警指标体系的总体构架着手，根据预警指标的选择原则和其理论依据及影响柑橘产销的不同因素设置柑橘产销预警指标体系。这是进一步进行柑橘预警工作的基础，是实现柑橘产销预警系统的关键步骤。

（3）通过警限、警度及预警信号灯系统、景气指数、BP 神经网络模型、组合预测预警模型来对中国柑橘产销进行综合预警分析，这是实现柑橘产销预警系统的核心环节。

（4）根据情景分析法和案例推理技术，设置基于"情急—案例推理"原理的柑橘产销突发事件预警系统，从而制定有针对性的应急管理措施来有效降低柑橘产销突发事件风险造成的损失和影响范围，为柑橘乃至其他品种农产品产销过程中突发事件风险预警提供借鉴。

（5）设计柑橘产销监测预警系统软件来实现对柑橘产销的预警信息引导，给柑橘产销链上各环节信息使用者及时、准确的信号，以降低或避免产销风险带来的损失，最终实现预警功能。

1.4　技术路线与结构框架

1.4.1　技术路线

本书主要是以中国柑橘生产和销售环节作为研究对象，从以下几方面进行研究：首先，针对中国柑橘产销的实际情况，结合宏观经济发展特点，构建柑橘产销预警指标体系；其次，使用统计预警、指数预警和模型预警三种预警方法对中国柑橘产销进行综合预测、预警；再次，利用情景分析法和案例推理技术，设置基于"情急—案例推理"原理的柑橘产销突发事件预警系统；最后，设计柑橘产销预警系统软件，初步实现预警系统的实际应用，并根据预警分析结论对未来柑橘产销预警工作提出相应的对策建议。采用的具体技术路线图如图 1-1 所示。

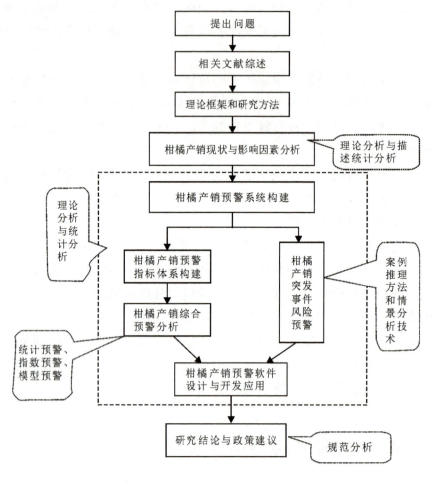

图 1-1 技术路线图

Fig. 1-1 Schematic Diagram of Technology Roadmap

1.4.2 结构框架

本书基于以上研究的基本思路，试图构建中国柑橘产销预警系统并设计产销预警软件和平台，为橘农、企业、消费者、政府等了解柑橘产销信息、规避柑橘产销风险、合理制定柑橘产销调控政策提供一定的支持。全书共分为 9 章：

第 1 章导论。首先，提出了柑橘产销预警的研究背景及意义并对相关的重要概念进行了有针对性地阐述和解释；其次，介绍了产销预警的主要研究方法和研究内容，并在此基础上设计了全文研究的技术路线；对本书可能的创新之处及尚未解决的问题和不足进行较为详细地说明。

第 2 章关于预警研究的文献综述。主要对国内外有关经济预警、农业预警的理论和方法的研究文献进行了归纳、分类整理及简要评述，作为本书后续研究的基础。

第 3 章柑橘产销预警的理论框架与研究方法。通过对柑橘产销预警的内涵和相关概念的界定，探讨了柑橘产销预警系统的结构和功能，并对柑橘产销预警的有关方法进行了说明和选择。

第 4 章中国柑橘产销现状及影响因素分析。从中国柑橘生产和销售两方面的历史及现状出发，对产销环节中存在的问题做出阐述，明确中国柑橘产销地总体形势和存在的问题，并对其影响因素进行深入分析。

第 5 章中国柑橘产销预警指标体系构建。根据影响柑橘产销的不同因素，通过分析设置了包括警情、警源、警兆的柑橘产销预警指标体系，并根据时差相关分析、聚类分析和峰谷对应法对警兆指标的时滞进行合理划分。

第 6 章中国柑橘产销综合预警分析。根据柑橘产销预警指标体系，通过统计方法、系统方法、风险价值法对柑橘产销预警警限与警度予以确定，并据此建立预警信号灯系统进行统计预警；利用扩展指数、合成指数等景气指数进行指数预警；利用 BP 人工神经网络和组合模型进行模型预测预警。

第 7 章中国柑橘产销突发事件风险预警。根据情景分析法和案例推理技术，设置了基于"情急—案例推理"的柑橘产销突发事件预警系统，提出了相应的预警对策。

第 8 章柑橘产销预警软件的设计与实现。设计监测预警软件来实现对柑橘产销的预警信息引导，给柑橘产销链上各环节信息使用者及时、准确的信号，以降低或避免产销风险带来的损失，最终实现预警功能。

第 9 章研究结论与对策建议。对本书中中国柑橘产销预警系统构建的主要结论进行归纳总结。针对中国柑橘产销现状和预警系统构建与应用中存在的问题，提出相应的对策建议。

1.5 研究方法与数据来源

1.5.1 研究方法

本书以经济学、管理学、计量经济学、经济统计学为基础，遵循科学研究的一般研究范式对中国柑橘产销预警系统的构建和应用进行了探索式研究。研究过程中采用理论分析与实证研究相结合的研究方法。各章中运用的主要实证研究方法如下：

（1）统计分析法。本书中对柑橘产销现状及原因分析时采用了描述统计法；构建柑橘产销预警指标体系时对预警指标时滞进行划分采用了时差相关分析、聚类分析和峰谷对应法。

（2）风险价值法。是广泛应用于度量金融风险的风险管理方法，该方法已经成为银行、证券经纪公司、投资基金等金融机构、市场监管者进行投资风险度量与管理、资产配置、绩效评价等的重要工具。在农产品风险研究领域的使用主要侧重于农产品期货市场的风险的度量，也逐渐扩展到农产品现货市场的风险度量中，并可以有效地用于农产品预警。本书选择风险价值法确定柑橘产销警情指标的月度警限。

（3）景气循环法。景气循环模型预警是利用先行指标、一致指标、滞后指标通过编制扩散指数（DI）和综合指标（CI）来实现宏观经济运行监测和预警的。本书借鉴这种宏观经济预警模型在建立柑橘产销预警指标体系的基础上编制扩散指数和合成指数，对柑橘产销进行有效的指数预警。

（4）人工神经网络法。该方法具有非线性适应性、自学习、联想记忆、知识推理和高速优化计算的优点，对大量非结构性、非精确性规律具有自适应功能。这些都是传统人工智能技术所无法比拟的。随着人工神经网络相关研究的日渐成熟，作为一种新的智能技术越来越多地出现在预测预警领域中。基于此，本书中采用人工神经网络进行柑橘产销的模型预警。

（5）组合模型法。是指对同一研究对象使用两种或以上的方法进行预测预警，并对各单一方法的预测结果进行加权综合的模型。组合模型能够充分利用各种样本信息，减小预测的误差，从而提高预测预警结果的精度和稳定性。本书中采用时间序列模型和智能预测模型进行加权组合来对柑橘产销进行预测预警。

（6）情景分析法。是在分析各种关键影响因素和变化趋势的基础上，对社会、经济和技术领域各种高度不确定性的重大变化的发展态势进行分析，对其所有可能结果进行详细描述、严密推理并设计出相应对策措施的方法。

（7）案例推理法。是指人工智能领域的一种基于知识的问题求解和学习的有效方法。目前，案例推理技术逐步走向成熟和完善，先后成功应用于医疗、法律、金融、农业等诸多领域，成为一个可用于解决实际问题的方法论和指导处理实际问题的组织方法。本书中将情景分析法和案例推理技术相结合构建中国柑橘产销突发事件风险预警系统。

1.5.2 数据来源

本书所采用的数据来源主要有数据库资料和文献统计资料两种。数据库资料包括：①中国知网年鉴数据库（网址 http：//www. cnki. net/）；②联合国粮农组织统计数据库（FAOSTAT，网址 http：//faostat3. fao. org/home/E）；③联合国商品贸易统计数据库（UN Comtrade Database，网址 http：//comtrade. un. org/）；④柑橘产业信息网统计数据库（网址 http：//www. cncitrus. com/xxbxw/ShowInfo. asp？ID＝1573）；⑤国务院发展研究中心信息网统计数据库（网址 http：//edu-data. drcnet. com. cn/web/）。

文献统计资料主要包括：《全国农产品成本收益资料汇编》（历年）、《中国农村统计年鉴》（历年）、《中国统计年鉴》（历年）、《中国农业年鉴》（历年）、《中国农产品价格调查年鉴》（历年）。

1.6 可能的创新与不足

1.6.1 可能的创新

本书在借鉴已有研究和文献的基础上，可能的创新点有如下三个方面：

（1）已有的各种农产品预警文献中在对预警指标体系中警兆指标的时滞划分多采用时差相关分析法，本文采用时差相关分析、聚类分析、峰谷对应图三种方法并结合定性分析最终确定指标时滞，避免只采用一种方法造成的片面性和不准确性，使得结果更具可靠性。

（2）在由统计预警、指数预警和模型预警组成的综合预警分析中，以往研究中的统计预警多采用传统的统计方法和系统方法来确定预警指标的警限和警度，本书将风险价值法 VaR 引入柑橘产销预警警情指标的警限设置中，这为预警指标警限和警度的设置提供了新的方法；在模型预警中以时间序列模型、智能预测模型的预测结果为基础，以误差平方和最小为最优准则构建柑橘市场价格短期预测预警的组合模型，提高了柑橘产销预测预警的效果和稳健性。此外，在综合预警分析的基础上，设计了柑橘产销预警软件，为其进一步的具体应用奠定了基础。

（3）使用情景分析法和案例推理技术构建了中国柑橘产销突发事件预警系统，丰富了突发事件风险预警的方法。

1.6.2 不足之处与展望

科学研究过程是学习、探索、试错和创新的过程。尽管本书在前人的工作基础上做了一些贡献，但是在这个过程中由于研究者自身水平和研究条件所限总会出现诸多不尽如人意的地方。这些欠缺与不足正是研究者在今后的工作和学习中不断探索和改进的动力。这些不足之处主要体现在以下三点：

（1）样本数据的获取。预警的基础是数据，但由于柑橘与粮油等农产品不同，许多官方统计资料中缺乏有关柑橘的分类细化数据，且相关指标缺乏时间连续性。本书研究中使用的数据分别来源于中国国家统计局及各部门出版发行的统计年鉴和统计资料、联合国粮农组织统计数据库和联合国商品贸易统计数据库。由于各方统计数据和口径存在一定的差异，这给本书研究在资料数据的收集、处理和分析等方面带来了较大的困难，并对论文的结论和判断存在一定影响。

（2）预警指标须动态调整和完善。中国柑橘产销预警指标体系的构建和指标的分类是柑橘预警系统中的重要环节，但文中建立指标体系时仅根据数据的可获取性挑选了一些主要指标进行分析，还有其他一些指标并没有纳入体系，存在一定的欠缺。因此，在以后的研究中还需要根据实际情况予以不断地对指标体系进行动态修正、补充和完善，以期获得更为准确可靠的预警结果。

（3）柑橘产销预警软件需进一步调试和完善。产销预警软件是产销预警系统的最终实现和应用环节，但文中所设计开发的柑橘产销预警软件只是初步实现了预警功能，在操作环境和具体使用上还需进一步调试和完善。

第 2 章　经济预警理论与方法的文献综述

经济预警是对经济运行中存在的周期性波动现象进行描述与预测以便在经济失衡前报警，预先采取措施加以调控，以避免或减轻经济失衡所造成的损失。主要包括宏观经济预警、产业经济预警及企业经济预警。宏观经济预警就是对宏观经济运行过程中可能发生的严重冲击和破坏经济系统结构的波动和偏差进行分析及提前报警，并对宏观经济调控提供排除警情的建议和措施。通过宏观经济预警系统可以对中国当前的宏观经济运行状况、各省（市、自治区）之间存在的差异和经济景气状态的数据信息进行预测预警分析，以便了解宏观经济的整体发展趋势和波动规律，为政府部门和研究机构进行宏观经济形势分析、景气循环测定、对未来经济走势的预测和决策提供有力支持。产业经济预警是指对国民经济中某个产业的经济状态存在景气与衰退的波动循环进行监测和预报（罗鄂湘，2009）。通过产业经济预警系统可以全面、准确、及时地收集某一产业的经济运行状况、各地区间的差异和发展趋势等数据信息，以便了解该产业经济的整体发展趋势与波动规律，为相关产业管理部门、研究机构和企业进行产业形势分析，以及对未来经济走势的预测和决策提供有力支持。近年来国内外产业经济预警中涉及的主要行业有金融业、房地产业、电信业、集成电路产业、农业等。企业经济预警主要是对企业在经营中各环节存在的风险进行监测和预报，用以减少风险造成的损失。目前研究主要集中于企业的财务风险预警、企业营销风险预警及企业经营管理风险预警三个方面（罗鄂湘，2009）。从经济预警的产生和发展来看，无论是理论还是方法，宏观经济预警都比产业经济预警和企业经济预警要完善和成熟。因此，当我们进行柑橘产销预警分析时，必须要对宏观经济预警中的经典理论和模型方

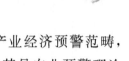

法进行了解。此外，本书所研究的柑橘产销预警属于产业经济预警范畴，因此本章主要将关于宏观经济预警和产业经济预警，尤其是农业预警理论和方法的研究文献进行了归纳、分类整理及简要评述，作为后续研究的基础。

2.1   宏观经济预警理论与方法的研究综述

2.1.1   国外宏观经济预警的研究动态

19 世纪末期，以法国为代表的发达国家的经济统计学家开始利用数学、经济统计、生物学等方法对国家宏观经济发展进行测定和评价。其中最有代表性的是法国经济学家福里利在其 1888 年撰写的论文中，首次使用气象学方法对法国 10 年来的经济波动进行了测定，这就是最早的宏观经济预警。此后，发达国家的经济学家和统计学家们一直致力于宏观经济监测预警的研究，预警方法也开始推陈出新。例如，1903 年，英国出现了反映本国宏观经济波动的"国家波动图"；1909 年和 1911 年，美国出现了"巴布森经济活动指数"和反映证券市场、商品市场及货币市场综合波动的经济景气指标。其中最有影响力的是在 1917 年，哈佛大学的柏森斯教授主持编制的"哈佛指数"成功拟合了 20 世纪以来美国出现的 4 次经济危机，具有较好的预警效果。哈佛指数的成功应用使英国、法国、德国、意大利、日本等国纷纷学习其构建方法对本国的宏观经济开展景气监测研究。随后，哈佛指数对 1929 年的经济大危机没有实现有效预警，逐渐淡出了宏观经济预警的历史舞台，类似的景气指标研究也开始走向衰落（顾海兵，1993）。1937 年，美国经济学家米契尔和经济统计学家伯恩斯针对美国经济危机后走向衰退的现状设计了"循环复苏的统计指标"对经济景气转折点进行了成功预测，并在其随后出版的专著中提出了经济波动的扩散性，为后续景气指数的开发奠定了基础。1950 年，美国经济统计学家穆尔发明了扩散指数监测预警法，时隔 10 年，1960 年美国经济学家希斯金在此基础上提出了使用合成指数来对宏观经济进行预警。以上两种景气指数的出现，为宏观经济预警系统提供了重要的预警工具。此后，许多新的预测预警方法开始纷纷出现，如 1966 年美国商务部开发的 X-11 季节调整法和"评分系统"；1970 年后以美国为首的发达国家开始在本国的宏观监测预警系统中引入预期调查法等。以扩散指数和合成指数为中心构建本国的宏观经济预警系统。随着 1973 年第二次世界经济危机对各国产生的巨大冲击，大家纷纷对本国的宏观经济预警系统中已经无法适应新的经济形势的方法和指标进行淘汰，增加了更多更新的综合测度指标，对经济景气进行了更为准确地预测预警。这些都标志着宏观经济监测预警系统走向了完善和成熟。

20 世纪 70 年代以后，许多经济统计学家将数理统计理论、时间序列理论、多元统计分析方法逐步引入了宏观经济监测预警系统，为预警方法的丰富和预警指标的深入研究做出贡献。随着世界各国经济、政治合作的逐步增多及发展中国家的工业化进程，宏观经济监测预警体现出国际化的变化趋势。例如，1978—1979 年，经合组织和欧共体先后建立了成员国的经济监测预警系统；1979 年，美国建立了"国际经济指标系统"用于监测西方主要工业国家的景气变动；1984 年，日本与其他东南亚 6 国合作建立了 7 国经济监测预警系统（吕新业，2006）。

进一步将宏观经济预警理论和方法与宏观经济学发展中产生的新理论以及新的多元统计分析技术、现代计量经济学模型结合使用，诞生了许多新的预警方法和预警成果，极大地促进了经济预警的发展（刘广利，2003）。此外，20 世纪 80 年代以来，随着计算机软硬件的推陈出新、互联网的普及和各种通信设备的出现使得信息系统得到了快速发展。将信息系统引入宏观经济预警，能够方便实现大量预警信息的快速输入和存储、能利用大型预警模型在结合专家系统分析的情况下对宏观经济运行进行准确的定量测定，从而有效预测未来的经济走势，对可能出现的经济运行风险进行预警（赵瑞莹，2006）。

2.1.2 国内宏观经济预警的研究动态

中国对宏观经济的监测预警研究，大致可以分为以下三个不同的阶段。

（1）萌芽阶段。1984 年中国宏观经济运行中出现投资和消费过热的问题，为了有效监测宏观经济运行，预警研究正式提上了日程。这一阶段主要是借鉴西方发达国家的经济景气预测预警法对中国的宏观经济的波动周期和影响因素进行分析和测定。例如，1989 年，中国先后出现了官方研究机构构建的宏观经济监测预警指标体系、宏观经济监测预警指数与预警信号灯系统。1990—1993 年相继出版了《经济周期和预警系统》（毕大川，刘树成，1990）和《未雨绸缪—宏观经济问题预警研究》（顾海兵，俞丽亚，1993）两部有关经济预警的著作，为中国宏观决策、宏观调控、宏观管理提供了依据和参考。前一部是对中国宏观经济周期波动和相关预警进行了深入的分析；后一部是对中国宏观经济预警进行了分类研究，对中国宏观经济波动提供了科学的监测预警方法。

（2）发展阶段。这一阶段的主要特征是预警重点由周期测定转移到短期预警上，预警方法更加多元化。1993 年 8 月起，国家统计局与国务院发展研究中心在经济日报上合办了"景气观察"栏目，社会各界开始广泛关注宏观经济监测和预警模型的分析结果及应用效果。吴明录等（1994）针对中国国情，设计了一套宏观经济短期波动的监测预警系统。王慧敏等（1998）针对宏观经济波动的研究，提出将自回归条件异方差模型应用于经济预警。

（3）成熟阶段。这一阶段的主要特点是随着信息化、智能化水平的快速发展，宏观经济监测预警的理论和方法不断成熟及完善。例如，贺京同等（2000）首次将神经网络理论和模糊系统理论结合，建立了宏观经济非线性预警模型。2002 年，北京统计局派团赴美国专门对南开大学机器人与信息自动化研究所（2000）序列预测预警技术，经济先行指数编制方法，宏观经济周期理论进行了全面深入地了解和学习。王金明等（2004）分析了中国近 30 年来发生的几次宏观经济波动的特点及主要经济变量的动态变化。余根钱（2007）编著的《中国经济数据库及监测系统》一书对现阶段中国宏观经济监测预警研究成果进行了总结和展示，建立了完整地宏观经济监测预警系统。林志华等（2015）在自回归模型中引入了贝叶斯分析和随机搜索变量法，提高了宏观经济预警指数的预测预警效果。孟庆斌（2016）运用门限自回归模型可以较好地构建赤字风险预警系统，从而能够前瞻性地对赤字风险做出预警。

2.1.3　简要评述

纵观国内外宏观经济预警的研究动态，西方发达国家的宏观经济预警早中国 100 多年，无论是理论还是方法都相对先进和成熟，而中国的宏观经济预警研究起步较晚，主要是在借鉴吸收西方发达国家经济预警研究成果的基础上发展而来的。根据其研究方法不同可分为三个学派：①经典预警学派，主要是借鉴和使用西方国家的经济景气监测与预警系统研究的学派；②新预警学派，主要是根据预警的逻辑过程进行系统研究的预警研究学派；③现代预警学派，主要是在预警工具的使用上摒弃传统方法而探索性尝试智能预警、模糊预警的预警研究学派（刘广利，2003）。经典预警学派在对中国经济景气监测与预警系统的研究和应用基本上是照搬西方国家的研究方法和观点，还存在不适合中国国情、预警指标划分笼统、甚少涉及不规则波动的研究及警情确定标准不科学等诸多问题。以中国人民大学的顾海兵和陈璋两位学者为代表的新预警学派，主要是以预警逻辑过程的角度来研究和分析宏观经济警情，强调中国宏观经济预警研究必须突破西方预警研究的框架，坚持走中国特色的宏观经济预警之路。但其设置的预警系统仍存在着许多不足，如一味地关注定量分析而忽视其理论基础；预测预警模型多采用趋势外推、指数平滑、回归分析、灰色预测等线性模型，没有考虑到复杂的非线性形态；警情、警兆指标的警限和警度的确定方式采用统计方法和系统方法，准确度有待提高。近年来，具有自学习、自适应能力的人工智能、模式识别、模糊数学等学科在经济预测预警领域中的应用研究越来越广泛。运用多学科、多领域的研究方法和成果，有利于增强预警研究的理论性，丰富预警方法体系，提高预警的应用性和预警质量。

2.2　产业经济预警理论与方法的研究综述

2.2.1　国外产业经济预警的研究动态

国外产业经济预警最早源于商业银行的预警研究，Seerist（1938）对美国破产的商业银行进行了单变量统计的预警分析。Dutta 和 Shekhar（1992）及 Tam 和 kiang（1992）使用类神经网络方法建立银行风险早期预警模型。Sarkar 和 Sriram（2001）建立贝叶斯模型作为银行破产的早期预警模型。此外相关学者和专家在房地产业、交通通信、农业等其他产业也进行了预警研究，如 Seo（2004）基于信号分析法和二元离散选择模型建立了符合韩国国情的房地产市场预警系统。Vijendra Kumar（1998）对农业旱灾进行了模型预警，取得了较好的预警效果。Jeong-GilChoi，Michael D. Olsen 和 Francis A. Kwansa（1999）以及 Jeong-Gil Choi（2003）分别对旅馆行业进行了预警研究。Goran Milenkovic（2001）对国际快递业进行了预警研究。

农业预警研究是产业经济预警研究的主要组成部分，各国都十分重视。早在 1975 年，联合国粮农组织就建立了"全球粮食和农业信息及预警系统"（GIEWS），为各成员国提供粮食和牲畜的生产情况信息，并对农产品生产、进出口、价格进行预测预警分析。1991 年，关于加强亚太地区国家粮食安全预警信息系统建设的会议成功召开，针对非洲、阿富汗、中美洲和海地地区的粮食供给体系中导致饥荒和食品不安全的潜在因素建立了联合国饥荒预警系统（FEWS NET）。通过收集、分析数据，有助于决策者掌握区域、国家、地区的潜在或已存在的饥荒或自然灾害信息、政治经济相关局势，以便及时采取措施来阻止粮食不安全事件的发生。作为发达的农业经济大国，美国在农业预警领域中进行了大量的开创性研究，农业部 1/3 以上的部门与农产品信息分析与预警工作有直接关系，建立了世界上最大的农业信息网络系统，拥有详细的农业全产业链的数据信息，运用经济学、计量经济学和统计学等相关知识开发农业预警模型和软件，对农产品从生产到销售进行全方位预测和预警，定期发布《农业展望》报告，并通过多种渠道帮助农户、企业等信息用户获取相关农业预警信息。此外，欧盟的农业监测预警系统（Marfoodsec）利用遥感技术监测世界范围内危险区域的食品安全问题，这些信息有助于欧盟额外援助计划尤其是特殊食品援助和食品安全政策的制定。俄罗斯、日本、澳大利亚等一些发达国家也已经建立起十分完善的农业预警系统，对农产品产销进行监测和预警。一些发展中国家如印度也于 1998 年成立了全国农作物预报中心（NCFC），其任务是为区、州和国家各级政府提供作物产量预测。

2.2.2 国内产业经济预警的研究动态

20世纪90年代后期中国产业经济预警逐步兴起。从预警理论和方法的发展来看，顾海兵等（1992）对中国粮食生产预警系统进行了探索研究，一定程度上完善了农业预警理论；自20世纪90年代中期开始，由于房地产泡沫的萌芽，许多学者开始聚焦于房地产业的监测预警，中房指数应运而生；袁兴林等（1988）以中国工业为研究对象，运用景气指数预警方法对其循环波动进行了测定；邢培昱、张国华（2000）以中国铁路运输市场为研究对象建立了预警信号灯系统；陈迪红（2003）使用多元统计中的因子分析法对中国煤炭行业进行了景气研究；佘震宇、赵黎明（2003）应用突变隶属函数的方法为中国农业经济整体运行建立了景气预警系统。在预警理论和方法逐步发展和完善的同时，产业经济预警结果的实际应用也开始受到关注。2003年《中国行业景气分析报告》由国家计委经济研究所中国经济形势与政策研究中心联合北京新华在线信息技术有限公司共同发布，报告包括集成电路产业、通信与网络、计算机与软件、能源与电力、房地产、汽车、医药、石油化工、钢铁、交通运输与物流10个热点行业的相关统计数据和行业景气分析。国家统计局中国经济景气监测中心与高盛（亚洲）联合开发的中国宏观经济景气指数于2004年开始逐月发布，该景气指数由包含8组指标的先行指数、包含4组指标的一致指数、包含5组指标的滞后指数和包含10组指标的预警指数构成，全面反映了中国宏观经济运行的景气程度（罗鄂湘，2009）。

此外，随着宏观经济预警的理论和方法逐步应用到农业领域，农业预警体系也逐步成熟和完善起来。在预警理论的研究上，陶骏昌（1994）对农业预警的基本理论、分类预警体系和运行流程等方面做了系统介绍和深入分析；顾海兵（1994）全面系统地对中国粮食安全的警情指标和警兆指标进行定性分析；陆伟国（1996）分析中国粮食波动的特点和预警系统特色，讨论中国粮食预警系统的技术方法及其内容和程序。梅方权（2002）系统地阐述粮食安全与食物保障及预警系统的理论基础，构建了中国粮食安全预警指标体系，并对粮食安全警情指标设置了警限和警度，开发了不同类型的预警模型。在预警体系的应用上，近几年来相关的农产品预警研究工作纷纷展开。2002 年，中国开始着手建设农产品市场预警系统，首先对包括玉米、小麦、棉花、大豆、糖料 5 种国际联动性强的农产品进行监测分析，从生产、需求、储备、价格、成本、进出口贸易等 6 个方面进行全方位跟踪监测，按照 4 个不同的等级警度，从供求平衡、进口、生产收益 3 个方面逐月提交并公布监测预警报告，为有关部门的宏观决策提供可靠依据。2003 年 1 月，又在此基础上增加了稻谷和油料两个品种。随后逐年在农产品市场预警系统中新增预警品种，并定期公布农产品市场监测预警信息，引导农产品生产经营者根据预警结果对生产结构进行相应调整，适时采取措施来避免或减少市场风险造成的损失。农业部农产品市场监测预警系统建设以来已经能对主要农产品价格走势和市场供求的动态进行监测和适当预警，该系统向农产品信息使用者提供了及时、准确、有效的市场监测预警信息，为解决小规模生产与大市场、大流通的矛盾发挥了重要作用，为政府制定农业经济发展政策提供了重要的参考。在预警方法的使用上，许多学者在借鉴国外先进预警理论和方法的基础上，针对不同的农产品展开了一系列的预警研究。例如，张志强（2001）编制了中国粮食生产系统扩散指数，利用该指数分析粮食变化特征和波动，从而确定了影响中国粮食生产的主要因素。游建章（2002）对粮食安全问题中现存的预警方法进行比较和评价，从而进行粮食供求预警系统构建，并对其进行预警分析。柏继云（2006）运用时差相关分析和扩散指数构建了黑龙江大豆生产预警指标体系。崔巍崴、白云涛（2007）运用聚类分析和扩散指数法建立了农产品供应链合作伙伴的动态评价体系。赵瑞莹等（2008）利用 BP 人工神经网络构建了畜产品价格风险预警模型。张峭等（2010）、王川等（2011—2012）采用参数估计法对畜产品、蔬菜和粮食市场价格波动的概率密度函数进行估计，并通过累计概率密度函数分析其价格波动区间的概率值，对价格风险进行了评估并提出预警建议。张东玲等（2010）利用山东省出口蔬菜的面板数据，构建了蔬菜安全风险评估指标体系，并在此基础上建立有序多分类离散选择预警模型。李干琼（2012）在对产品市场价格变动的强、易波波动因子进行分析的基础上，建立了基于 S、V 因子的不同农产品市场价格短期预测模型，并对该预测系统进行了开发和设计。熊巍等（2013）利用风险价值法对8种果蔬农产品价格风险进行有效度量，并将测算所得VaR值作为单指标警限来对价格风险进行预警研究。李优柱等（2014）设置了蔬菜价格预警指标体系，并在此基础上建立了基于支持向量机的蔬菜价格预警模型。许世卫（2014）通过对农业大数据和农业监测预警工作的分析，提出未来应将大数据技术应用于农产品监测预警领域，构建一个现代化农业预警系统。此外，《中国农业展望报告（2015—2024）》及《中国农业展望报告（2016—2025）》在2015—2016年相继出版，这说明作为国家金农工程中的预警系统研究和开发应用越来越体现了它的重要性和实用性。

2.2.3 简要评述

综观国内外产业经济预警研究发展历程，发达国家在理论和方法的研究上均早于中国。中国对工业、农业、银行业、房地产业等产业领域的预警也基本参照国外的研究范式和方法展开研究。就农业预警而言，以美国为首的发达农业大国，对农产品信息分析预警工作高度重视，有专门的工作机构，良好的工作机制，完善的农业统计体系，先进的预警方法，为农产品预警提供完整的数据基础和技术支持。并定期发布预警信息，为农户、企业、组织、政府相关部门的信息使用者及时提供信息，以便制定相关的农产品产销决策。尽管中国的相关专家在结合具体国情的基础上对经典的预警的理论和方法进行了改进，将越来越先进的计量经济方法、统计方法、人工智能技术、非参数方法广泛运用于农业预警领域，但这些研究主要集中在粮食、大豆、棉花、猪肉等与国外市场联动较强的大宗农产品上，对于蔬菜、水果等其他农产品的产销预警的系统性研究还比较缺乏，与之相匹配的产销预警信息数据库的建设还在初步探索过程中，短期监测预警系统与平台也亟待建设，高质量的预警成果和权威信息发布也需尽快启动。加之近十年农业领域的突发事件频发，给包括柑橘在内的农产品生产和销售都造成了毁灭性打击，严重阻碍了产业的有序发展，客观上需要适时进行突发事件预警管理。因此，本书试图在国内外学者有关宏观经济预警和产业经济预警尤其是农业预警研究的基础上，根据中国柑橘产销的现状和存在的问题，通过产销预警指标体系的设置，利用统计预警、指数预警、模型预警等构建柑橘产销预警系统，对柑橘短期和中长期产销情况进行合理预测和预警。同时利用情景分析和案例推理技术初步构建产销突发事件风险预警体系，试图填补国内柑橘产销预警研究的空白。

第 3 章　理论框架与研究方法

柑橘产销预警分析主要是围绕产销警情、产销警源、产销警兆和产销警度 4 个方面开展的。本章首先对柑橘产销预警的内涵和相关概念做出界定和阐述，继而探讨柑橘产销预警系统的基本结构和功能，最后对柑橘产销预警的有关方法进行详细说明和选择。

3.1　柑橘产销预警系统的相关概念

3.1.1　产销风险

柑橘产销风险主要是指在柑橘生产和销售过程中，由于产业化程度不高、生产分散、技术落后、市场信息不灵、抗自然风险能力差、消费需求转移、经济政策环境改变等因素引起的产销失衡的不确定性。它具有以下特点：①周期性。柑橘生产的大年和小年交替出现，使得柑橘产量波动呈现周期性变动，这就与柑橘需求的阶段稳定性形成明显矛盾，导致价格也会呈现周期性波动；②蛛网性。柑橘作为农产品具有供给弹性大而需求弹性相对较小的特点，一旦市场价格下降，未来柑橘生产投入就会下降，产量下滑，导致市场价格上升，市场行情看好又会刺激柑橘生产，导致产量和价格偏离均衡值；③不可逆性。柑橘作为农产品具有生产周期长的特点，无法像工业品一样根据市场需求的变动及时调整生产，一旦生产计划做出，短期内很难调整，导致产销风险短期不可逆。此外，柑橘的产销风险还会影响柑橘产业乃至整个国民经济体系的健康运行，由于风险的隐蔽性导致宏观调控的难度较大。

3.1.2 预警、预测与监测

经济预警就是监测和分析国民经济运行状况和发展态势，对可能出现偏离正常运行轨道的状况按照不同程度进行分级警报，使政府有关部门和研究机构、相关产业、生产经营者等能提前采取有效的防范措施来应对可能出现的警情，避免或减轻损失，以确保国民经济持续健康地运行。根据预警时间不同，一般可以把经济预警分为 1~2 年的短期预警、3~5 年的中期预警和 5 年以上的长期预警。实际进行预警时应将这几种不同时间长度的预警相结合，以避免短期警情不明显，但中长期可能带来毁灭性影响的警患。预测主要是对未来可能出现的所有结果的预报，不仅侧重于偏离正常值的报警。监测是对国民经济、产业经济或企业经济运行全过程和状态的实时监控，用来判断研究对象是否偏离预定目标和计划，为其后期运行的调控提供了依据（杨艳涛，2009）。因此，可以认为对当期经济运行状态的监测和对未来可能出现结果的预测都是经济预警的基础和前提，是分析和确定警情时不可或缺的基础环节。因此，我们要进行的柑橘产销预警首先是利用一些预测的技术，在对柑橘产销的当期状态进行监测的基础上，预测未来可能出现的态势，并利用其与正常水平的对比来确认是否发生产销失衡警情以及警情的严重程度。

3.1.3 警情、警源与警兆

（1）警情。是对预警结果的一种客观描述。对于柑橘产销预警而言，当柑橘的生产和销售出现不平衡状态时，也就意味着柑橘的供求失衡，外在的直接表现就是柑橘价格的上下波动，当价格波动偏离正常价格区间时就说明出现了警情，离正常价格区间越远，说明警度级别越高即出现了严重的柑橘产销失衡。

（2）警源。是产生警情的根本原因，预警的目标就是要能够准确找到警源，采取有针对性的措施来消除已经或可能产生的警情。根据警源的形成过程可以将其分为 3 种类型：第 1 种是自然警源，来源于自然因素的影响；第 2 种是外生警源，是由国外输入国内的；第 3 种是内生警源，是研究对象自身运行产生的。自然警源和外生警源都属于突发性警源，如果发生极易造成毁灭性影响而且短期内很难应对和控制，需要长时间恢复；内生警源相对容易控制，但不同的内生警源可控性程度也不尽相同。

（3）警兆。是从由警源导致警情的过程中出现各种的具体表现，是自然警源、外生警源和内生警源的具体表现。警情出现时总会伴随着一些征兆，就如同地震发生前地下水会出现异常现象，一些感官灵敏的动物也会出现大规模迁徙等反常举动一样。柑橘产销状况的变动是一种或多种因素经过一定时间的积累逐步形成的，在变化过程中能预示柑橘产销警情的因素就是警兆。在柑橘产销预警中首先要设置适当的警兆指标，才能准确掌握柑橘产销波动的基本特征，对可能发生的产销警情进行有效预警，从而为柑橘产业组织和橘农提供有用的产销预警信息，为柑橘产业的管理和调控提供决策参考。

3.1.4 警度与警限

警度是对警情或警兆按照其严重程度做出的分级描述。一般而言，可以根据造成损害的程度不同把警度分为无警警度、轻警警度、中警警度、重警警度和巨警警度五个等级。在实际预警中常采用类似交通信号灯来设置不同颜色的预警信号灯，如蓝灯、白灯、绿灯、黄灯、红灯来对应表示各种等级的警度，反映不同程度的警情。

警限是指有警和无警及警度转折的临界值，或某一等级警度的报警区间范围。其中的无警警限为安全警戒限，通常表现为在保证经济正常运行时所允许的某个或多个指标最大可能的波动幅度。根据研究对象的不同，警限可以表现为单值警限，即波幅的最大值或最小值本身，也可以表现为区间警限，即以波幅的最小值与最大值构建的区间。就中国的柑橘产销情况而言，柑橘的供求失衡都会造成其价格波动加剧，最终对橘农和消费者产生影响，导致其利益损失，也直接影响柑橘产销平衡，因此在设置警限时应从分考虑供给和需求两个方面来确定柑橘产销的警度和警限。

3.1.5 产销预警系统

农业预警系统是对农业生产的现状和未来进行监测及预测，预警偏离正常状态的时空范围和危害程度，根据警兆对可能出现的警情予以报警和调控，对已产生的警情提出应对排警措施（赵瑞莹，2004）。柑橘产销预警系统就是根据宏观经济预警和农业经济预警的科学理论与方法，结合柑橘生产和销售的特点，根据柑橘产业可持续发展的要求，来构建产销预警指标体系，根据定性分析和定量评价划分预警指标的时滞，将统计分析和系统分析方法与专家判断相结合，确定警情指标、警兆指标的合理警度和警限，通过指数预警、模型预警来对柑橘生产和销售过程中可能产生的警情进行预警，为橘农、批发零售商、政府等提供可靠的产销预警信息，作为其决策和调控依据的一整套体系。

3.2 柑橘产销预警系统的运行机制和基本功能

3.2.1 柑橘产销预警系统的运行机制

柑橘产销预警机制，是指柑橘产业相关组织和各级管理部门为有效防范产销风险的发生，通过对柑橘生产、需求、进出口和市场行情等各种相关信息进行动态监测与采集，运用恰当的预警技术方法，在定性分析和定量测定的基础上，将统计分析和系统分析方法与专家判断相结合，确定预警指标的合理警度和警限，及时准确地对可能产生的产销警情和警情程度提供警示。利用预警信息引导橘农、各级合作组织、批发零售商等调整优化生产结构和生产经营策略，避免柑橘生产和销售中出现的盲目性和同一性，减小产销风险造成的损失，同时为政府管理部门的宏观调控和决策提供可靠依据，并适时启动预防保护措施的一整套工作机制。

柑橘产销预警的一般流程是明确产销警情→寻找产销警源→分析产销警兆→预测产销警度→排除产销警情。柑橘产销预警系统主要由产销警情诊断子系统、产销警源分析子系统、产销警兆辨析子系统、产销警度预报子系统和排警调控子系统五个部分构成（赵瑞莹，2004）。这五个子系统包括数据的收集监测、警情分析、风险评估、警限警度设定、预测预报及应急处理等预警工作，其具体运行机制如图3-1所示。首先是产销警情诊断子系统会监测柑橘生产和销售状况，形成数据信息收集监测机制；其次如果出现了产销警情则利用产销警源辨析子系统来辨别产生警情的警源类型，再通过产销警兆分析子系统对警情出现时伴随的征兆—警兆进行分析处理，形成分析评估机制；再次根据产销警度预报子系统根据警情、警兆指标所处的警限对应发出警度预报，形成警情、警兆预报机制；最后根据产销排警调控子系统中的针对各种警情已经预先制定的应急措施，对柑橘生产和销售进行宏观调控和管理，形成应急处理机制。

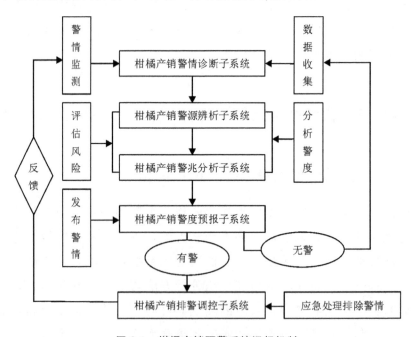

图 3-1　柑橘产销预警系统运行机制

Fig. 3-1　The Functioning Mechanism of Early warning System on Citrus Product and Sale

3.2.2　柑橘产销预警系统的基本功能

中国柑橘产销预警系统建设的主要目标是：开发并建立一个面向橘农、各级专业合作组织、企业、消费者、政府管理部门和研究机构的完整柑橘产销数据库，为国家宏观调控、企业决策和橘农生产等多元化需求提供信息支持。利用预警结果引导柑橘生产经营者调整优化生产结构和生产经营策略以避免生产的盲目性和同一性，降低产销风险带来的损失，并对已产生的警情提供应急措施，逐步建立具有中国特色的完善的柑橘产销预警系统。该系统本质上是针对柑橘生产、收购、加工、销售、库存、供求、进出口、市场价格等进行实时动态监测并对可能产生的警情进行先兆预警，为预警信息使用者提供决策参考的系统。柑橘产销预警系统的基本功能模块包括数据管理系统、预警分析系统、警情预报系统和应急调控系统。

（1）数据管理系统。是柑橘产销预警系统的基础，该系统主要是收集柑橘生产销售和与之相关的宏观经济数据和信息，作为柑橘产销预测预警分析的数据来源。数据管理系统的主要功能就是收集、整理有关柑橘生产、销售及相关宏观经济数据信息，以满足柑橘产销预测预警对数据的要求；同时还能对数据库中的产销数据进行动态监测，根据前期设置产销预警警限和警度对可能出现的警情进行判断。

柑橘产销和相关宏观经济数据及信息是预警的基础，没有了数据的保证，也就意味着预警成为一纸空谈。因此，数据信息库的建设和维护将直接影响到产销预警的整体质量，数据管理系统在整个预警系统中处于十分重要的地位，离开它预警将成为空谈。为确保柑橘产销预警系统的有效运行，在建立数据管理系统时要注意把握：第一，信息的时效性。预警工作的最大特点就是对可能发生的问题和走势做出预先的警报，如果信息资料收集不及时，预警工作就成了事后诸葛亮，失去了原本的意义；第二，信息的准确性。如果收集的数据信息资料不准确，存在误差，根据误差的可传递性和可累积性，将会对后续预警分析的各环节造成影响，可能使得预警结果失真而做出错误的决策；第三，信息的适用性。收集数据信息时还要有针对性，这样才能在一定程度上提高信息收集的时效性和准确性；第四，信息的共享性。有关柑橘产销的数据资料常分散在不同的职能部门，不同部门的统计数据可能会出现口径不一致和重复统计的问题。因此各部门对产销信息资料实现统一口径收集和共享使用很有必要，这样既能发挥各部门优势，又能节约资源并提高数据的准确性和可比性。

总之，数据管理系统的建设任务既重要又艰巨。由于中国柑橘产销预警系统尚属研究的起步探索阶段，尚未形成统一的预警信息网络体系，统计数据缺失、统计口径不一、数据更新滞后等现象大量存在。通过数据管理系统的设计和构建，可以加快各类对柑橘产销数据信息的收集、整理和分析，促进中国柑橘等生鲜园艺类农产品的信息化发展，有利于中国和其他柑橘主产国之间加强数据交流与沟通。

（2）预警分析系统。是整个柑橘产销预警系统的核心部分，它的构建直接影响到柑橘产销预警结果的质量。该系统运行主要由警源辨析子系统和警兆分析子系统来共同实现，主要包括柑橘产销预警指标体系和预警方法体系。通过辨析警源设置的产销预警指标体系，运用统计数据，采用指标预警、模型预警和专家预警，对柑橘产销状态做出科学性判断，从而能够及时、准确地把握柑橘产销的变动趋势并做出适时适当的预警。首先，确定预警指标体系。根据影响柑橘产销的因素和指标设置的基本原则，设置有代表性的预警指标，并根据时差相关法、聚类分析法和峰谷对应图等方法判断预警指标的时滞；其次，确立警限和警度。根据警情指标、警兆指标分别建立单一指标和综合指标的警度和警限，根据预警指标标值落入的不同区域，设立预警信号灯系统来预报是否有警和警情的程度。再次，建立短期和中长期预警模型。根据柑橘产销预警指标体系，运用指数分析法和模型分析法等多种方法进行预测，并结合警度和警限对预测结果进行预警。预警方法和模型是不断更新的，因此需要对预警方法和预警技术进行动态选择和完善以保证预警的质量。最后，建立专家评估系统。借助相关领域专家丰富的理论和实践经验，参与预警分析工作，针对柑橘产销预警的特殊性，完成统计预警、模型预警等定量方法无法独立完成的预警分析任务，从而提高柑橘产销预警分析的质量。

（3）警情预报系统。是柑橘产销预警的输出系统，该系统主要是运用网络平台等现代信息技术输出预警分析结果（吕新业，2006）。预警信息预报是指根据确立的反映柑橘产销警情和警兆的警度及警限，将柑橘产销运行状态的实际结果或预测结果通过预警信号灯系统进行直观地描述，科学地反映柑橘产销变动趋势。预警分析系统是警情预报系统的输入端，预警结果和指令是警情预报系统的输出端。在构建柑橘产销预报系统时需要合理运用网络技术，按照有关法律和规定通过权威渠道实现快速、高效、准确的预警信息的权威发布，并形成定期的产销预警信息发布制度。

（4）应急调控系统。是针对柑橘产销不同警情提出的各种可供选择的宏观调控方案，及时排除警情，是柑橘产销预警系统的反馈系统。可以通过两种方式来完成柑橘产销预警的调控目标，一方面，可将各种备选的调控方案输入调控系统，比较分析各种方案的优劣，分析某一方案实施后可能出现的结果及对其他经济变量的影响；另一方面，进行宏观经济政策模拟，即要使柑橘产销处于某种平衡状态，政府应当采取的措施、投入方向和投入数量。

调控系统主要是对重大、突发警情进行紧急应对处理。应急调控的关键是要在警情造成实质性损害前对其进行控制和处理。一个好的调控系统应当具备统筹指挥、分级管理的特点。由于各种原因引起的柑橘产销警情突发将可能对一个或几个产销区造成危害，因此一旦警情突发，各地区政府必须立即启动应急预案，统一指挥、集中领导，分级负责，统筹应急处理工作。政府的领导者要具有敏锐判断能力，能迅速判断出柑橘产销突发事件如"大食蝇"事件是否属于公共危机，并及时建立应急处理中心，针对警情采取果断有力的应急处理措施，协调各有关部门进行预防和控制。在制定应急措施时，要对突发警情发生所在地的实际情况进行跟踪了解，听取专家建议，采用科学系统的方法。不仅要借鉴已有的成功案例经验，还要结合实际因地制宜。实施应急措施时，需要多部门通力合作，使得应急指令能够快速传达和实施到位。此外还需要根据所有有关柑橘产销信息的动态变化，及时调整和修改应急方案备案，不断完善应急方案库。只有这样，才能在发生柑橘产销警情时，采用预警系统中的应急调控措施。对警情进行控制和排除。

柑橘产销预警系统是由多个相互依赖、相互支持的子系统组成，只有每一个子系统之间衔接得当，整预警系统才能有效运行，从而保证预警结果的准确性。

3.2.3　柑橘产销预警系统构建应注意的问题

柑橘产销预警系统涉及的因素和变量众多，而这些因素和变量都具有时效性，因此产销预警系统中的指标体系和预警模型不能长时间固化不变。柑橘产业受到日新月异的科技水平和农产品贸易全球化的大趋势的影响，更需要不断地完善和优化柑橘产销预警系统。因此在柑橘产销预警系统建设中应注意以下几个主要问题：

（1）柑橘产销预警系统构建应融合多学科理论和方法。在柑橘产销预警系统构建中需要将农业经济理论、经济学、产业组织理论、预警理论、统计方法、计量方法和人工智能方法相结合。如果只使用其中的一种理论或方法，很有可能导致预警结果出现较大误差。柑橘产销预警的根本目的是要从实际数据出发，利用科学的理论，先进的预警方法，依据产销变动的客观规律，立足于柑橘产业现状，为其正常、有序和持续发展提供科学的预报与建议。

（2）柑橘产销预警系统的构建是一个动态优化的过程。随着形势、环境的改变，柑橘产销预警系统在开发应用过程中不可避免地会出现指标陈旧老化、模型应用不合时宜的问题，因此应动态完善和优化柑橘产销预警系统。对警情指标体系、警兆指标体系要进行适时的调整更新，设立预警指标动态调整机制以删除老化指标，添补新的指标。对柑橘产销预警模型而言，应每隔2～3年调整一次。根据国内外出现的新型预警模型，调整其参数设置后及时纳入柑橘产销预警系统，以提高预警结果的准确度。如目前应引入智能预警模型、分位数回归预测预警模型等。此外，预警指标的警限和警度的确定也应随条件变化而变化，要根据当前的实际情况调整各级警限值或区间及相应的分级警度。

（3）柑橘产销预警系统要力求做到预警对象和预警结果的参照与结合。农业预警系统往往比其他产业预警系统更复杂，而柑橘作为一种生鲜园艺类农产品，也有自身的特点，在构建预警系统时务必要做到各个方面和环节的结合。在柑橘生产所面临的产销风险中，既有自然因素造成的，也有外生因素和政策性因素造成的，同时还要受到资源条件的约束。因此，为了满足柑橘产销预警管理的需要，在预警系统中应做到常规预警和突发事件预警相结合。由于柑橘生产经营的特性决定了不同主产区在品种、生产管理、技术、加工、分销、政策扶持等方面各具优势，即柑橘产业的区域特色。这就确定了在柑橘产销预警系统中，既要有宏观预警，又要有区域预警和分品种预警，只有三种方法结合使用，柑橘产销预警系统才能真正发挥有效预警的作用。在柑橘产销预警系统中，根据时间长短可划分为短期预警与中长期预警。中长期预警是对未来 1 年以上的产销警情指标进行预测预警。主要是从柑橘产业整体布局、发展规模和速度等多角度对产生长期波动的因素进行分析和测定，从中找出波动的规律性，进而通过建立模型对中、长期波动运行趋势预测。而短期预警主要是指对未来一年以内的产销警情指标进行预测预警。只有将短期预警和中长期预警结合起来才能对柑橘产销进行全面完整的预警。

3.3 柑橘产销预警的研究方法

在建立柑橘产销预警系统时，应根据柑橘生产和销售特点及易操作性原则选择合适的预警方法。一般而言，农业预警方法可以参考经济预警方法分为：黑色预警法、黄色预警法、红色预警法、绿色预警法和白色预警法。其中前三种方法已经较为成熟，尤其是黄色预警法使用十分广泛，后两种方法应用较少，而白色预警法尚在探索试用阶段。

3.3.1 黑色预警法

经济预警中常用的有周期预警和指数预警两种方法。其中周期预警法主要以周期理论为基础，仅对警情指标进行警度和警限的设置，对其当前的状况和未来发展趋势进行预警，这种预警方法不需要辨析警源和分析警兆指标体系；指数预警法是根据对预警指标直接测度警度，或对预警指标进行描述统计分析，再根据描述统计结果进行预警的方法。它是预警方法中最原始最简单的方法，但由于也是迄今为止使用最广泛、最成熟的方法。黑色预警法正是借鉴和综合了这两种经济预警方法，只考察警情指标序列随着时间产生的循环波动规律，根据循环波动的周期长度及趋势对警情的走势进行预测，而不需要考虑警兆指标。例如，各种农业景气指数、农业经济波动图等都属于黑色预警法。

3.3.2 黄色预警法

黄色预警法结合了经济预警中的各种预警方法的特点，在实际中应用最多。根据警兆指标的警限和警度来预报警情指标的警度的预警过程，主要包括统计预警、指数预警和模型预警。

（1）统计预警。这种预警方式是根据警兆指标与警情指标之间的相关性，利用警兆指标的警级和警度进行预警的方法。具体操作方法是：首先选择和警情指标相关程度高的指标作为警兆指标；其次利用一定的统计方法来确定警兆指标的类型，即先行、同步、滞后指标；再次利用先行警兆指标的变动特征来确定其警限和警度；最后据此对警情指标预报警度。统计预警方法需要对警兆指标进行统计检验，强调入选指标必须具有统计显著性。

（2）指数预警。这种预警方式主要是根据先行、同步、滞后警兆指标的综合指数进行预警。由于预警指标体系通常只包含1~2个警情指标，而警情指标往往对应若干个警兆指标，因此就需要使用扩散指数或合成指数对警兆指标进行综合。扩散指数是指警兆指标中处于上升期的指标所占的百分比。当该指数大于50%时，表示警兆指标中处于上升期的指标超过处于下降期的指标，因而可以预测警情指标也将随之上升；当该指数小于50%时，表示警兆指标中处于下降期的指标超过处于上升期的指标，因而可以预测警情指标也将随之下降；当该指数等于50%时，说明警兆指标中上升和下降指标数量相当，可以预测警情指标也应基本保持不变。合成指数是根据所有警兆指标的波动程度，并以其在总体中的重要性加权综合编制而成，根据先行警兆合成指数的上升和下降，我们就可以预测警情的变动趋势。

（3）模型预警。这种预警方式主要是使用计量（统计）模型和非计量（统计）模型进行预测预警，它的使用意味着预警技术的进一步完善。使用于预警领域的计量（统计）模型主要包括自回归滑动平均模型、自回归条件异方差模型、向量自回归模型、横截面回归模型、分位数回归等计量模型和主成分分析法、判别分析法等多元统计模型。使用于预警领域的非计量（统计）模型主要包括信号分析法、概率模式识别模型、灰色预测模型及人工神经网络模型等智能模型。

运用模型进行预测预警需要根据经济形势的变化来及时修正和调整模型中的参数设置甚至于更新模型。此外，模型设定必须遵循经济理论而不是以单纯的数学推导为主。

3.3.3 红色预警法

红色预警法是一种侧重定性研究的农业环境社会分析方法。该方法是在全面系统分析警情变动原因的基础上，将所有影响因素进行纵向对比，然后由该领域的专家、学者根据经验对警情是否发生和程度大小做出主观预测。柑橘产销平衡是一个涉及多方面因素影响的复杂系统，有些重要的影响因素如消费者心理因素和某些突发性事件无法通过模型的定量分析方式描述，为了弥补前述定量分析和指标分析方法的不足，可以采用专家预警的方式加以补充。专家预警法主要包括头脑风暴法、德尔菲法、个人和集体判断法等。其核心就是发挥该领域专家的集体智慧，做到专业结构互补，利用每个专家的个人理论和实践经验的积累对各自掌握的警兆信息进行判断并据此推测可能产生的警情。需要注意的是，专家预警法一般不能单独使用，必须配合其他预警方法应用于柑橘产销警情的警度和警限分析，也可以运用于警兆分析上，对预警结果进行修正。这种将定性与定量预警有效结合的方式，在一定程度上可以提高预警的准确度。

此外，红色预警法还包括预期调查法。它是当预测对象变动复杂，难以直接进行预测时，通过调查的方式定期向有代表性的人员收集有关预测对象的相关信息，用来预测宏观经济未来可能走势的一种宏观经济监测预警方法。预期调查法具有以下特点：①调查内容属于定性范畴。预期调查法的内容和指标设计不包含定量指标，只是对未来变动趋势进行调查，但对调查数据的处理和分析则采用相关的定量分析法；②灵活性。预期调查法可以针对特殊事件和专门问题，设计有针对性的问卷进行调查，灵活度高；③及时性。由于调查的对象有选择性，内容不多，因此收集信息时效性高，便于及时预警；④可靠性高。将调查所输出的定量信息和相应的指标比较，关联度很高，在中国目前柑橘产销相关原始数据缺乏和不准确的情况下，预期调查法可以在一定程度上起到修正的作用。尤其在柑橘产销突发事件预警中，可以选择特定的调查对象，设计专门的调查表，在保证较高的回答率的情况下利用预警调查法进行预警。

3.3.4　绿色预警法

绿色预警法主要是利用遥感技术监测农作物种植面积、农作物长势信息，快速监测和评估农业干旱及病虫害等灾害信息，估算全球范围、全国和区域范围的农作物产量，为粮食供应数量分析与预测预警提供信息。

3.3.5　白色预警法

白色预警法要求预警前能完全或基本掌握导致警情产生的具体原因，利用计量技术对警情指标进行预测。目前该方法还处于探索阶段。

3.3.6　柑橘产销预警方法选择

上述农业预警方法是在结合经济预警方法和本身特点的基础上发展而来的。每一种方法都各具特色，在实际预警过程中，应根据掌握的调查资料，适当选择两种及以上的方法进行预警研究，做到优势互补，提高预警的准确度。在将五种方法的特点进行对比（见表3-1）的基础上，考虑可操作性，本书以选择黑色预警法与黄色预警法相结合构建中国柑橘产销预警系统。具体预警方法和模型将在第6章中国柑橘产销综合预警分析中详细论述。

表 3-1　柑橘产销预警方法对比

Table 3-1　Comparison of citrus production in early warning method

预警方法类型	特　　点
黑色预警法	定量分析，适用于纵向分析
黄色预警法	定量分析，适用于纵向分析和横向分析；统计分析，数据容易获取
红色预警法	侧重定性分析，可用于纵向分析和横向分析，常见于一些复杂的预警
绿色预警法	定量分析，适用于纵向分析，为提高预警的准确性，对图形精度要求高
白色预警法	定量分析，适用于纵向分析，对警源判断要求很高，处于探索试用阶段

3.4　结论与讨论

本章在柑橘产销预警相关概念界定的基础上，对柑橘产销预警系统的运行机制、结构功能进行了分析。结果表明：柑橘产销预警系统主要由产销警情诊断子系统、产销警源分析子系统、产销警兆辨析子系统、产销警度预报子系统和排警调控子系统五个部分构成。这五个子系统具有收集监测、警情分析、风险评估、警级设定、预测预报及应急处理等预警功能。其预警的流程机制为：首先是产销警情诊断子系统会监测柑橘生产和销售状况，形成数据信息收集监测机制；其次，如果出现了产销警情则利用产销警源辨析子系统来辨别产生警情的警源类型，再通过产销警兆分析子系统对警情出现时伴随的征兆—警兆进行分析处理，形成分析评估机制；再次根据产销警度预报子系统根据警情、警兆指标所处的警限对应发出警度预报，形成警情、警兆预报机制；最后根据产销排警调控子系统中的针对各种警情已经预先制定的应急措施，对柑橘生产和销售进行宏观调控和管理，形成应急处理机制。

此外，在对现有的五种农业预警方法进行分析比较的基础上，考虑预警的可操作性和准确性，选择以黑色预警法和黄色预警法相结合的方式来构建中国柑橘产销预警系统。

第4章　中国柑橘产销现状及影响因素分析

中国不仅是全球柑橘产量最大的国家，同时也是柑橘果品消费最多的国家之一。然而在柑橘丰产的同时，我们也发现"卖橘难"问题成了柑橘销售的常态，柑橘的产销矛盾凸现。影响柑橘产销失衡的原因是多方面的，本章主要从中国柑橘生产和销售两方面的历史和现状出发，对产销环节中存在的问题做出阐述，并对其影响因素和改善措施做深入分析。明确中国柑橘产销的总体形势和存在的问题，即明确警义，这是中国柑橘产销预警研究的第一个环节。

4.1　中国柑橘生产的历史和现状分析

4.1.1　中国柑橘生产在全球柑橘生产中的地位转变

自1978年以来，世界柑橘产量、种植面积都在持续增长。其中，产量由1978年的5349.65万吨大幅上升到2014年的13784.54万吨，增长了157.67%；种植面积也由3622.66千公顷增加到8909.95千公顷，增长了145.95%。中国、巴西、美国是柑橘的三大主产国，2014年三国柑橘的总产量占全球总产量的45.76%，种植面积也占到全球总种植面积的39.24%。其中，中国柑橘产量和种植面积经过30多年的迅猛增长，完成了占全球柑橘产量1.42%~25.73%和占全球柑橘种植面积4.68%~26.98%的巨大飞跃，已然超越了美国和巴西，双双稳居全球第一，见表4-1。

表 4-1　中国和世界柑橘产量及种植面积

Table 4-1　Citrus yield and planting area in China and The global

年份	世界柑橘产量（万吨）	中国柑橘产量（万吨）	比重（%）	世界柑橘种植面积（千公顷）	中国柑橘面积（千公顷）	比重（%）
1978	5349.65	75.77	1.42	3622.66	169.55	4.68
1990	7753.09	538.39	6.94	6074.45	1102.48	18.15
1995	9347.95	869.73	9.30	6823.19	1248.59	18.30
2000	10592.43	923.58	8.72	7438.73	1304.84	17.54
2005	11122.79	1639.98	14.74	7919.1	1756.22	22.18
2006	11834.06	1845.87	15.60	8244.2	1823.35	22.12
2007	11928.8	2107.15	17.66	8624.42	2064.46	23.94
2008	12626.39	2388.66	18.92	8667.83	2034.23	23.47
2009	12690.18	2576.18	20.30	8888.9	2190.56	24.64
2010	12773.21	2698.17	21.12	8994.05	2238.82	24.89
2011	13238.98	2999.74	22.66	8785.36	2314.63	26.35
2012	13222.96	3220.66	24.36	8815.96	2332.02	26.45
2013	13482.09	3371.55	25.01	8927.35	2447.78	27.42
2014	13784.54	3546.93	25.73	8909.95	2403.97	26.98

资料来源：联合国粮农组织统计数据库（网址：http://faostat3.fao.org/）

4.1.2　产量、种植面积及单产

经过 60 多年的发展，中国已经成为世界上最大的柑橘生产国，柑橘产量和种植面积双双位列世界第一。纵观中国柑橘生产的发展历程，大致可以分为：①发展停滞阶段。在 20 世纪 50 年代初，由于果品属于自由购销商品未纳入国家计划管理范畴，因此中国柑橘产量很少，随后在以粮为纲的政策下，柑橘产业在 1970 年以前几乎没有任何发展，1952—1970 年中国柑橘产量只由 20.7 万吨增加到 45.41 万吨，年均增长率仅 4.46%。②缓慢发展阶段。1970—1978 年，柑橘发展比较缓慢，产量仅增加 30.36 万吨，年均增长率约为 6.61%。③迅猛发展阶段。自 1978 年改革开放以来，柑橘生产迅猛增长。1978 年时，中国柑橘总产量只有 75.77 万吨，种植面积仅为 169.55 千公顷，单产才 4.47 吨/公顷；1990 年中国柑橘的种植面积就已经高达到 1102.48 千公顷，位列世界第一，2007 年中国柑橘产量达到了 2107.15 万吨，首次超越巴西成为全球柑橘第一大生产国。总体而言，1978 年至今，中国柑橘总产量增长约 45.81 倍，种植面积增长约

13.17 倍，单产增长约 2.3 倍，见表 4-2。

表 4-2　中国柑橘产量、面积及单产

Table 4-2　China citrus yield，planting area and yield

年份	1978	1990	2000	2010	2011	2012	2013	2014
柑橘产量（万吨）	75.77	538.39	869.73	2698.17	2999.74	3220.66	3371.55	3546.93
种植面积（千公顷）	169.55	1102.48	1248.59	2238.82	2314.63	2332.02	2447.78	2403.97
单产（吨/公顷）	4.47	4.88	6.97	12.05	12.96	13.81	13.77	14.75

资料来源：联合国粮农组织统计数据库（网址：http：//faostat3.fao.org/）

　　尽管中国柑橘的产量和种植面积都是全球范围内最多的，但不难发现，1978 年至今，中国柑橘的单产水平始终在低位徘徊，增长极为缓慢。1978 年世界柑橘平均单产为 14.76 吨/公顷，美国柑橘单产为 27.86 吨/公顷，巴西柑橘单产为 16.55 吨/公顷，而中国柑橘单产仅为 4.47 吨/公顷，不仅大大落后于巴西和美国这两个柑橘主产国，而且还远未达到世界柑橘的平均单产水平。虽然近年来中国柑橘单产水平逐年提高，直至 2014 年，中国柑橘单产水平已经达到 14.75 吨/公顷，却仍未达到同期世界柑橘单产 15.47 吨/公顷的平均水平，与美国柑橘单产水平 27.13 吨/公顷和巴西柑橘单产水平 24.52 吨/公顷仍然存在着较大差距（见图 4-1）。

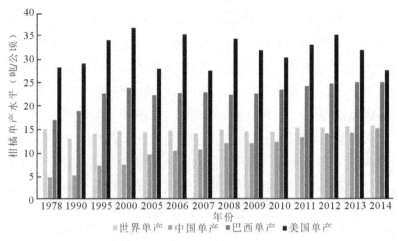

图 4-1　中国、美国、巴西、世界柑橘单产对比

Fig. 4-1　China，America，Brazil，the world citrus yield comparison

资料来源：联合国粮农组织统计数据库（网址：http：//faostat3.fao.org/）

4.1.3　柑橘鲜果品种结构

　　改革开放当年，中国柑橘鲜果中，宽皮柑橘占 65%，橙占 32%，柚、金柑和柠檬等占 3%。然而这一品种结构经过 30 多年发展仍无太大变化。截至 2016 年，中国柑橘鲜果中，宽皮柑橘占 69%，橙占 19%，柚及其他品种柑橘占 12%。而这一比例与世界其他柑橘主产国相比则显示出中国橙所占比重过小，而宽皮柑橘比重明显过高，这样的品种结构决定了中国生产的大部分柑橘要用于鲜销而非加工，势必会造成柑橘集中上市时销售竞争激烈的问题。尽管中国的柑橘总产量、种植面积和单产都有大幅提升，但品种结构却没有得到相应的优化。中国柑橘鲜果品种结构如图 4-2 所示。

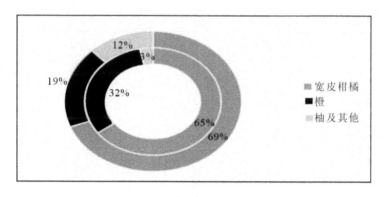

图 4-2　中国柑橘鲜果品种结构

Fig. 4-2　Breed structure Chinese of citrus fruit

资料来源：中国农业统计资料 2015

4.1.4　生产布局

　　1978 年中国农业部、全国供销合作社、外贸部分别在柑橘主产区建立了 100 个柑橘基地县和 10 个 1 万公顷的脐橙、夏橙出口基地县，极大地推动了柑橘生产的发展。1990 年 12 月利用世界银行贷款实施了长江中上游地区水果开发项目，涉及四川、湖北、重庆二省一直辖市沿江 33 个县市，通过引进国内外优良柑橘品种和先进的种植技术，促进了柑橘产业的发展。从 2003 年开始农业部颁布实施了《优势柑橘区域布局优化（2003—

2007)》，根据适地适载和发挥区域比较优势的原则，提出了重点建设"三带加基地"的优势区域布局方案，并优先启动了橙汁产业带和脐橙产业带，充分体现了中国柑橘产业注重优质、高效生产和主动参与国际竞争的战略方向。目前全国除台湾地区外共有 19 个省（市、自治区）生产柑橘，其中浙、赣、湘、鄂、川、渝、闽、粤、桂这八省一直辖市的总产量占全国柑橘总产量的 97.72%，种植面积占全国柑橘总种植面积的 93.26%，其中湖南省的柑橘种植面积和总产量分别占全国柑橘总种植面积和总产量的 16.70% 和 13.89%，双双居全国首位（见表 4-3）。这说明中国柑橘主产区的生产规模和产量优势均十分明显，柑橘产业布局正在向优势主产区域集中。

表 4-3　2015 年中国柑橘主产省市种植面积及产量

Table 4-3　In 2015 China citrus producing provinces of the planting area and yield

省（市）	产量（万吨）	占比（%）	面积（千公顷）	占比（%）
湖南	485.17	13.89	421.12	16.70
广东	472.34	13.52	302.17	11.98
江西	382.46	10.95	336.75	13.36
广西	472.18	13.52	289.55	11.48
湖北	437.12	12.52	245.58	9.74
四川	409.74	11.73	273.16	10.83
福建	346	9.91	187.77	7.45
浙江	200.93	5.75	102.83	4.08
重庆	207.24	5.93	192.49	7.63
全国	3492.66	100.00	2521.35	100.00

资料来源：中国农业统计资料 2015

4.1.5　柑橘鲜果熟期及供应期

柑橘鲜果熟期分为早熟（9～10 月采收）、中熟（11～12 月采收）、晚熟（次年 1～5 月采收）三种。20 世纪 80 年代，中国 90% 以上的柑橘为中熟品种。经过 10 年的发展，中国柑橘中熟品种比例降为 80%，早熟和晚熟品种分别占比为 15% 和 5%。目前，柑橘早熟、中熟、晚熟品种产量所占比重分别为 15%～20%、70%～75% 和 5%～10%。

从市场供应期来看，20 世纪 80 年代初中国柑橘产量的 90％以上集中在 10 月下旬到 12 月成熟，集中上市，1～2 月是一年中的柑橘销售旺季，国产柑橘从当年 9 月底早熟品种上市到次年 4 月晚熟品种上市阶段可以满足国内市场需求。但 4 月后，晚熟品种的量很少，在大、中城市的市场上也鲜见，此后到 9 月份，市面上主要以进口柑橘销售为主。近几年来，由于采后商品化、储存、保鲜、预冷等技术的进步，大大拉长了中国柑橘的供应期，除 3 月中旬到 5 月初，6 月中下旬到 7 月下旬这两个时间段没有国产柑橘供应外，其他时间均有柑橘供应。

　　自国家实施优势区域发展规划以来，中国柑橘的熟期及供应期结构已经逐步优化，目前中熟品种的比例已由 90％降至 80％左右，但要达到其他柑橘主产国早、中、晚熟品种 2∶3∶5 的比例，仍需要进一步努力。

4.1.6　柑橘生产成本的变动

　　1991 年至今，中国柑橘生产成本的变动大致经历了三个阶段：第一阶段（1991—2000 年）为缓慢增长期，该阶段中国柑橘单位面积生产成本总体而言增长较慢。分品种来看，柑的每亩总生产成本一直处于稳步增长态势，总体增幅为 46％。其中 1995—1996 年增长较快，年均增长率为 26％；而橘的每亩生产成本虽然也一直呈现缓慢上升态势，但波动较为明显。1997—1998 年呈现大幅下降趋势，年平均下降 28％，随后又大幅升高。第二阶段（2001—2010 年）为波动增长期，中国柑橘单位面积成本总体而言波动幅度较大，增长较快。其中柑每亩总生产成本在 2002 年增长最快，环比增幅达到 48％，2005 年下降最快，环比降幅为 41％；橘每亩总生产成本在 2006 年出现了 47.59％的大幅增长，随后在 2007 年出现了 24.67％的跌幅。第三阶段（2011 年至今）为快速增长期，除 2012 年橘成本出现 21.93％的跌幅外，其余年份柑、橘成本均快速增长。在柑橘生产成本的构成中，物质与服务费用和人工成本占了大部分，约占总生产成本的 80％，这充分说明柑橘是典型的劳动密集型农产品（见图 4-3）。柑橘生产成本的波动上升大部分原因应归结于物质与服务费用和人工成本水平的变动。

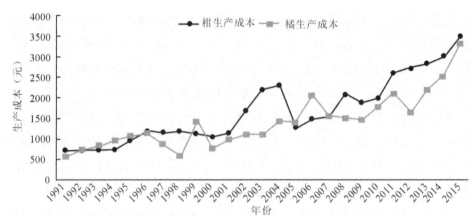

图 4-3 柑橘每亩总生产成本

Fig. 4-3 The total production cost of citrus with per mu

资料来源：全国农产品成本收益资料汇编 1992—2016

4.1.7 柑橘生产产业化的发展

家庭联产承包责任制以后，柑橘生产仍以单家独户式的小农经济为主。经营规模小，兼业农户为主是目前柑橘生产经营的主要特征之一，柑橘小生产和大流通的矛盾日益凸显。中国柑橘种植户户均果园面积小，规模化程度低，果园管理理念和技术落后，新的生产技术难以掌握和普及，果品质量参差不齐，市场反应迟缓。这种现象导致了中国柑橘果品质量很难保证，缺乏具有稳定市场占有率的知名品牌，橘农收入不高，规范化栽培、商品化生产、市场化经营都无法大规模展开。近年来，各柑橘主产区开始加强柑橘果园管理，引进新的品种和技术，并在果品质量提高、采后商品化处理、贮藏加工和销售方面投入了较多的人力、物力和财力。柑橘的采后商品化处理比例逐年提高，贮藏手段也出现了较大改善；橘瓣罐头加工一直保持良好发展态势，橙汁加工业也开始起步，许多柑橘主产区投资兴建了产地批发市场；许多大型知名企业投资柑橘业，如澳门恒和果业、新加坡复发中记、重庆三峡建设集团、山东蒙阳红生态农业、黄岩罐头厂、汇源集团、三峡建设集团、赣南果业、椰风集团和娃哈哈集团等一批实力较强的企业大力投资赣南、宜昌等大产区的柑橘业；一些知名的柑橘品牌也开始受到消费者的喜爱和认可，如赣南脐橙等；"农户＋合作社＋龙头企业＋生产基地"等新型产业模式开始涌现，产业链逐步延伸和完善，中国柑橘产业化进程加快。当然，中国的柑橘产业化经营仍然处于初级阶段。目前柑橘产业化经营中，龙头企业自身的市场竞争力不强，抗产销风险的能力有限，各级政府还需对其实施保护和进行大力扶持；产业化组织形式发育不健全，柑橘产业合作社的发展和建设还处于重数量不重质量的初级阶段，社会化服务水平不高，产业整体效益还比较低下。

4.2　中国柑橘销售历史和现状分析

4.2.1　柑橘销售价格的变动

20 世纪 90 年代以来，虽然中国的柑橘产量始终保持快速增长，但是居民收入也出现较快增长，使得中国柑橘销售价格在不同年度的变化不是太大。从 2002—2011 年中国柑橘生产价格总指数中可以发现除 2010 年和 2013 年出现了 21.19％和 10.11％的大幅增长以外，各年度的柑橘价格指数波动范围较小，均未超过 8％，其中，2002、2003、2005、2006、2007、2011、2012、2014 年和 2015 年柑橘生产价格上涨，而 2004、2008 和 2009 年柑橘生产价格下跌，其具体涨跌幅见表 4-4。

表 4-4　柑橘生产价格分类指数

Table 4-4　Citrus production price index

年份	柑橘类	柑	橘	橙	柚
2002	103.02	109.41	107.11	93.44	79.90
2003	100.50	99.24	106.19	109.41	93.89
2004	94.73	95.73	91.83	102.14	99.23
2005	104.91	103.76	124.51	101.58	113.46
2006	107.12	107.93	103.70	104.78	110.52
2007	103.51	104.52	98.69	96.93	105.87
2008	91.29	90.13	80.81	92.59	94.63
2009	97.63	96.79	87.19	98.82	102.71
2010	121.19	118.39	139.55	118.39	129.35
2011	103.97	104.31	104.31	108.28	113.19

续表

年份	柑橘类	柑	橘	橙	柚
2012	101.50	97.79	97.79	102.15	103.32
2013	110.11	112.15	112.15	106.83	102.24
2014	106.79	107.56	107.56	108.54	99.70
2015	106.64	105.84	105.84	105.42	113.33

资料来源：中国农产品价格调查年鉴 2003—2016

在分类指数方面，柑、橘、橙、柚四大类柑橘产品的价格指数的波动幅度都大于柑橘类总指数（见图 4-4）。

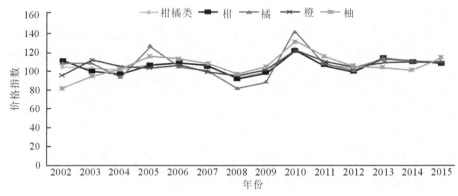

图 4-4　柑橘分类价格指数

Fig. 4-4　Citrus production price index

资料来源：中国农产品价格调查年鉴 2003—2016

其中波动幅度最大的是橘类，2010 年橘类的价格指数涨幅达到 39.55%，而 2008 年的跌幅也达到近 20%，2009 年虽有所回升但仍是四类柑橘价格指数中最低的。这主要是由于"大食蝇"事件对蜜橘的价格产生了很大的冲击。其他三类柑橘产品的价格指数的波动幅度都小于橘类，但基本上都超过柑橘类总价格指数的波动。

4.2.2　柑橘销售量变动

由于缺乏柑橘销量的调查统计数据，因此只能使用中国柑橘的产量和进出口量对中国柑橘的销售量进行简单的估计。2015 年中国生产柑橘 3660.1 万吨，出口柑橘 124.67 万吨，进口柑橘 34.11 万吨，所以估计中国 2015 年的柑橘销量为 3569.54 万吨。用同样的方法可以估计中国 2000—2014 年的柑橘销售量（见表4-5），从表 4-5 中可以发现，2000—2015 年中国柑橘的销量快速增长，2001 年的增速甚至达到了 33.82%，此外，2003、2004、2006、2007、2008、2011 年的增速均超过 10%。但值得注意的是，自 2007 年以来，销量增速出现连续三年下降，这也和这两年灾害频发密切相关。此外，2012 年以来销量增速又连续四年出现了下滑，这也和中国经济步入新常态，供给侧结构失衡有关。根据估计销售量和中国的人口数据可以进一步估算中国的人均柑橘消费量。由表 4-5 可知，自 2000 年以来中国的人均柑橘消费量逐年稳步上升，2015 年人均消费柑橘量达到 25.97 千克，较 2000 年人均柑橘消费量增长了 288.15%。

表 4-5 2000—2015 年中国柑橘预计销售量与人均消费量

Table 4-5 2000—2015 China expected sales and per capita consumption of Citrus

年份	产量 （万吨）	出口量 （万吨）	进口量 （万吨）	预计销量 （万吨）	销量增减 （%）	人均消费量 （千克/人）
2000	878.30	37.90	7.19	847.59	—	6.69
2001	1160.70	35.09	8.63	1134.24	33.82	8.88
2002	1199.00	43.96	9.69	1164.73	2.69	9.07
2003	1345.40	54.92	13.09	1303.57	11.92	10.08
2004	1495.80	64.91	11.87	1442.76	10.68	11.10
2005	1591.90	77.13	14.07	1528.84	5.97	11.70
2006	1789.80	76.23	17.04	1730.61	13.20	13.17
2007	2058.27	91.72	18.00	1984.55	14.67	15.02
2008	2331.26	123.53	18.79	2226.52	12.19	16.77
2009	2521.10	145.43	23.70	2399.37	7.76	17.97
2010	2645.20	129.42	29.32	2545.10	6.07	18.98
2011	2944.00	126.14	32.47	2850.33	11.99	21.16
2012	3167.80	142.89	26.63	3051.54	7.06	22.54
2013	3320.94	137.70	24.26	3207.50	5.11	23.57
2014	3492.7	130.25	27.10	3389.55	5.68	24.78
2015	3660.1	124.67	34.11	3569.54	5.31	25.97

资料来源：根据中国统计年鉴（2001—2016），联合国商品贸易统计数据库数据计算整理而来

4.2.3 柑橘销售渠道

在分销方面，随着中国政府在农产品分销渠道和交易市场的建设不断增加，目前一套较为完整的农产品分销体系已然形成。2015年，中国拥有亿元以上的农产品市场979个，成交额为16483.8亿元；拥有专业的亿元以上干鲜果交易市场129个，成交额为2825.6亿元。柑橘种植户通过初级交易市场将柑橘卖出，个人和企业收购者在初级交易市场大量收购柑橘，运至各地的批发市场，然后零售市场和餐饮企业大部分从批发市场购入柑橘，小部分还会直接到产地从橘农手中购入柑橘。中国的柑橘零售市场主要包括各种规模的农产品交易市场、超市、水果店及流动水果摊贩。此外，中国也进口一定数量的国外柑橘，这些柑橘由进口商直接卖至零售市场或经由批发市场流入零售市场和餐饮企业。中国的餐饮企业也是柑橘销售的一个重要渠道，而且主要购进一些高品质和进口的柑橘，比如鲜橙、柠檬等。

近年来，一些知名企业如浙江黄岩罐头厂、湖南熙可罐头厂、汇源集团、三峡建设集团、赣南果业、椰风集团和娃哈哈集团等企业和专业合作社也纷纷加入柑橘产业的分销体系，涌现出一批"龙头企业＋生产基地＋农户""龙头企业＋专业合作社＋农户"的典型，这些新型的组织形式涉足整个柑橘产销链条的每个环节，对加快柑橘的销售和流通、降低柑橘种植户的风险、促进柑橘的宣传、加快柑橘产业化建设起到了重要的作用。

虽然中国的柑橘销售已经建立起一套较为完整的分销体系，但其中的许多问题也不容忽视。比如柑橘收购者非常零散，既有个人收购者又有企业收购者，而且各自为战，甚至恶性竞争破坏市场秩序。很多柑橘的批发市场和零售市场发展落后，条件较差。此外，尽管专业合作社已经逐步发展壮大起来，但各产区专业合作社发展不平衡，真假合作社并存，使得一部分柑橘种植者还是要自产自销，不得不面临生产和销售的双重风险。

4.2.4 品牌建设和促销

在柑橘的品牌建设方面，由于中国的柑橘销售缺乏产销一体的大型企业和机构，各级经销商各自为战、分散经营，因此在目前的情况下缺乏"新奇士""多乐"这样知名度高的国际知名柑橘品牌。中国目前柑橘的品牌建设主要注重于柑橘地理标志的申请注册与保护，例如：秭归脐橙、赣南脐橙、南丰蜜橘、永春芦柑等。虽然中国柑橘地理标志产品都体现了一定的文化内涵，但目前地理标志产品的供给者都不关注柑橘品牌的文化建设，造成市场接受者对柑橘国家地理标志产品"零文化感知"的现状。总而言之，中国柑橘优势的国家地理标志产品并未体现出其应有的品牌优势，市场定位混乱，品牌商标辨识度不高，保护力度不足，消费者不买账。即便是在赣南脐橙这样的优势地理标志下，赣南脐橙主产区各县各合作社、龙头企业也还是主打自己的商标，导致赣南脐橙品牌的建设和发展受阻。

在促销宣传方面，由于国家对柑橘实行价格放开、自由购销，兼之中国柑橘产量的快速增长，中国柑橘销售在 20 世纪 90 年代中期以后就进入了一个供大于求的买方市场，频频出现柑橘"卖难"的问题。鉴于此，中国各级政府和各级柑橘经销单位也逐步增大了对柑橘产品的促销和宣传力度。在政府方面，近年来为了推进农业的发展，各柑橘主产区政府都加大了对各具特色质优柑橘的宣传力度，包括举办和参与各种形式、各种级别和规模的农产品展览会，在一些大众媒体上对特色柑橘产品进行广告宣传，以及加大对各自特色柑橘的地理标志的申请和保护力度。例如，赣州市举办的国际脐橙文化节。在经销商方面，为了促进柑橘的销售，各级经销商也对柑橘的销售采取一定的促销和宣传措施，如提供免费品尝、对柑橘特色的宣传等。特别是像汇源、娃哈哈等知名企业对柑橘的营养价值的宣传起到重要作用。此外，近几年以淘宝、亚马逊、京东、一号店为代表的网络电商逐渐发展壮大，一些地区的柑橘销售也开始使用淘宝、微信等新型销售渠道模式。

但总体而言，中国在对柑橘销售的促销和宣传力度方面是比较小的，尚处于初级阶段。这是由于中国柑橘销售并没有出现像新奇士、多乐这种大型的专业的营销企业和组织，各级经销单位各自为战，没有统一的宣传。各级政府的宣传也仅停留在各地生产的柑橘产品上，对整个柑橘产业产品的宣传力度很小。

4.2.5　柑橘消费需求

（1）国内柑橘鲜果消费需求。柑橘鲜果的国内居民需求，是中国柑橘消费需求中最主要的组成部分。尽管中国经济实力不断增强，人民生活水平逐步提高，但与此同时中国的人均水果消费量却增长缓慢。据统计，1992 年中国城镇居民人均可支配收入为 2026.6 元，人均水果消费量为 47.37 千克，2015 年中国城镇居民人均可支配收入为 31194.8 元，人均水果消费量为 55.1 千克，人均可支配收入年均增长速度为 12.62%，而人均水果消费量年均仅增长了 0.66%，大大落后于人均收入的增幅。此外，中国居民对水果的消费支出占比，都呈现出一定的波动态势，显示出一定程度的不稳定性。

从表 4-6 中我们可以看出，从 2002—2015 年，中国城镇居民的食物支出随生活水平的提高而呈现出逐年增长的态势，但水果支出却是有增有减，出现明显波动。其中 2003 年、2005 年水果消费支出绝对额都较上年有所减少，占食物支出的比重也明显下降；2008 年，虽然水果支出总金额增加了，但水果支出占食物支出的比例却下降了，2009—2015 年水果支出的绝对额和占食物支出比重才出现了较为缓慢的逐年增长态势。据统计资料估计，柑橘消费占水果总消费的 20% 左右，所以水果消费支出的缓慢增长势必会影响到人们对柑橘的需求，从而导致在柑橘供给量大幅稳定提升的情况下，柑橘销售将会出现"卖难"的窘境。

表 4-6　2002—2015 年中国城镇居民水果支出及其所占食物支出比重

Table 4-6　2002—2015 Fruit expenditure of urban residents and the proportion of food expenditure

年份	水果支出（元）	食物支出（元）	比重（%）
2002	169.68	2271.84	7.5
2003	120.11	2416.92	5
2004	189.59	2709.6	7
2005	173.96	2914.39	6
2006	203.75	3111.92	6.5
2007	272.24	3628.03	7.5
2008	293.48	4259.81	6.9

续表

年份	水果支出（元）	食物支出（元）	比重（%）
2009	332.73	4478.54	7.4
2010	378.75	4804.71	7.9
2011	449.1	5506.3	8.2
2012	506.3	6040.85	8.4
2013	497.6	6311.92	7.9
2014	533.8	6000.00	8.9
2015	569.9	6359.70	8.8

资料来源：中国统计年鉴（2001—2016）

注：由于2014年中国统计年鉴不再提供人均水果支出的数据，该数值是利用线性回归得到的拟合值

（2）柑橘出口需求。从对柑橘的出口需求来看，主要包括柑橘鲜、干果的出口需求和橘瓣罐头的出口需求两个方面，这两者的变化也会在一定程度上影响到中国柑橘的销售。从鲜、干果出口需求来看，2001—2009年中国柑橘出口量一直稳步上升，2009年出口量达到111.2万吨，较2001年大幅增长了550%，但2010—2015年柑橘鲜、干果出口出现了较大的波动，首先是2010—2011年出口量较前期出现19%的明显降幅，接着又在2012年出现20%的反弹，随后在2013—2015年又有所下降。总体而言，柑橘出口量占总产量比例很低，虽然2001—2009年柑橘出口比重逐年增加，至2009年柑橘出口量占中国柑橘总产量比重达到最高4.41%，但随后几年又降至3%以下。这充分说明中国的柑橘鲜、干果销售主要靠国内销售实现。根据2015年12月《中国出口月度统计报告—柑橘属水果》的数据显示，2015年1～12月，中国出口柑橘属水果数量为920513.2吨，同比下降6.1%。其中中国对亚洲出口柑橘属水果数量为657548.5吨，同比下降11.7%，这说明来自国际市场的竞争异常激烈，柑橘出口形势不容乐观。

从柑橘罐头出口需求角度来看，自中国加入世界贸易组织（WTO）后，中国的柑橘罐头出口一直呈上升的趋势。2001年出口量为17.60万吨，2008年达到35.42万吨，增幅超过100%。不过，2009年出口量为32.05万吨，较2008年环比下降了17.6%，下降原因应该是受2008年全球金融危机及2008年7月欧盟宣布对从中国进口的柑橘罐头征收临时反倾销税等不利因素的滞后影响。2010—2012年柑橘罐头的出口又有小幅

回升，分别达到 33.68、33.77 和 33.93 万吨，2013—2015 年柑橘罐头的出口又较 2012 年出现了下降，分别为 32.92、31.70 和 32.06 万吨。此外，由于中国柑橘罐头在世界上的份额早已经达到 70% 左右，又面临欧盟等重要出口市场针对橘瓣罐头的反倾销反垄断调查，并且近年来中国柑橘罐头出口的优势地位逐步丧失导致柑橘加工品国际市场占有率没有明显变动，因此想通过提高柑橘罐头产量及其出口来消耗柑橘鲜果的空间已经不大。而国内对柑橘罐头的需求量一直徘徊在 5 万～10 万吨，有较大的消费潜力，今后可以通过改进包装、加强广告宣传、促销等方式的引导来拉动国内对柑橘罐头等加工品的消费需求。

表 4-7　2001—2015 年中国柑橘总产量与鲜干果出口量及其所占比重

Table 4-7　2001—2015 China's citrus production and export volume and the proportion

年度	柑橘出口量（万吨）	柑橘总产量（万吨）	出口所占比重（%）
2001	17.1	1161	1.47
2002	21.7	1199	1.81
2003	29.2	1345	2.17
2004	36.1	1496	2.41
2005	46.6	1592	2.93
2006	43.5	1790	2.43
2007	56.4	2058	2.74
2008	86.2	2331	3.70
2009	111.2	2521.1	4.41
2010	93.3	2645.2	3.53
2011	90.2	2944.0	3.06
2012	108.2	3167.8	3.42
2013	104.1	3320.94	3.13
2014	98.0	3492.7	2.81
2015	92.1	3660.1	2.52

数据来源：中国统计年鉴 2002—2016，联合国商品贸易统计数据库（UN Comtrade Database）

（3）柑橘汁加工需求。柑橘汁加工是一个具有巨大潜力的柑橘消费市场，目前世界人均橙汁消费量为 3L，欧美一些发达国家人均橙汁消费量高达 15～20L，而中国人均橙汁消费量却只有 0.3L 左右。从对中国柑橘的进口构成分析来看，橙汁的进口占柑橘进口量的比重最大，其中在 2005 年时攀到 42.15％的历史峰值，但随后，橙汁进口的比重就开始逐年波动下降，到 2015 年这一比例已经降至 15.24％（见表 4-8）。这主要是由于国内浓缩橙汁的产能增加及消费者需求的多样化，从联合国商品贸易统计数据库（UN Comtrade Database）中我们可以看到，近年来柠檬汁等其他品种的柑橘汁进口量呈现出迅速上升的态势。由此可见，如果我们大力发展柑橘汁加工产业，一方面可以降低中国对柑橘汁的进口依赖；另一方面可以缓解中国柑橘销售难的困境。近年来，中国各主产省区陆续新建了多条浓缩橙汁的加工线，随着加工能力的提升和各地柑橘鲜果供应量的增长，可以预计未来以橙汁为代表的柑橘汁加工量将会有较大幅度的增长。

表 4-8　2000—2015 年中国柑橘及橙汁进口量

Table 4-8　China's Citrus and Orange Juice import

年份	柑橘总进口量（万吨）	橙汁进口量（万吨）	比例（％）
2000	7.19	0.89	12.38
2001	8.63	1.79	20.74
2002	9.69	3.71	38.29
2003	13.09	5.21	39.80
2004	11.87	4.7	39.60
2005	14.07	5.93	42.15
2006	17.04	6.3	36.97
2007	18	6.37	35.39
2008	18.79	4.42	23.52
2009	23.7	4.99	21.05
2010	29.32	6.61	22.54
2011	32.47	7.49	23.07
2012	26.63	5.79	21.74
2013	24.26	6.27	25.83
2014	27.10	5.84	21.54
2015	34.11	5.24	15.24

资料来源：联合国商品贸易统计数据库（UN Comtrade Database）

4.3　中国柑橘产销的影响因素分析

由柑橘生产和销售的历史及现状的分析得出：由于中国的柑橘成熟期比较集中，供应期结构不合理，柑橘品种比例还需长时间进一步优化；同时中国柑橘销售主要是依靠国内鲜销，出口比例不大，而国内市场销售阻力大，加之受到宏观经济和产销环节突发事件等的影响，使得卖橘难已经成为中国柑橘产业的常态问题，柑橘产销矛盾日益突出，这势必会直接影响橘农的收入，使其生产积极性受到严重挫伤，从而阻碍了中国柑橘产业的健康发展。具体而言，影响柑橘产销的主要因素来源于国内外的供给和需求及政策环境等各个方面。

4.3.1　技术落后、生产不规模导致柑橘单产低下、果品质量不佳

中国柑橘的种植一直存在着各家各户独立经营、柑橘园面积小且分散，只有少部分区域种植相对集中成规模的问题。尽管近几年我们已经加快了柑橘优势产区的建设，但相对于世界发达的柑橘主产国而言，生产的规模化还是有相当的差距；加上柑橘生产技术落后，缺乏先进的种植技术和现代化的果园管理手段，导致柑橘种植面积和总产量虽居世界首位，但单位面积产量仍然比较低下，与此同时也导致了果品质量不佳，难以开拓市场和提高销售价格及销售量，制约柑橘的销售，极大地打击了橘农的生产积极性，导致下一轮柑橘生产受阻。

4.3.2　柑橘结构性过剩导致柑橘鲜果销售困难

目前中国柑橘品种以宽皮柑橘为主，柑橘熟期以中熟为主，成熟时间大致分布在 10 月份到次年 1 月份，因此柑橘鲜果呈现集中采摘上市，形成短期内柑橘大量上市供给的局面，导致柑橘滞销。此外，在柑橘非优势产区，为追求短期效益，在缺乏规划和指导的情况下，盲目发展柑橘种植，导致品种、熟期重叠，进一步加剧了柑橘滞销的局面。

4.3.3　柑橘种植成本上影响柑橘销售价格

2000 年以来，中国柑橘单位面积成本增长较快，2015 年柑和橘的生产成本分别较 2000 年增长 238.80% 和 335.40%。在柑橘生产成本的构成中，物质与服务费用和人工成本占大部分，约占总生产成本的 80%，这充分说明柑橘是典型的劳动密集型农产品。柑橘生产成本的波动上升大部分原因应归结于物质与服务费用和人工成本水平的变动。在对柑橘主产区连年的成本收益调研中我们发现，橘农生产中物质与服务费用高主要是由于经常大量使用农药和化肥造成的。橘农经常抱怨人工成本太高，雇不起人；虫害肆虐，农药喷得多；化肥涨价，成本太高。由此可见，提高柑橘的销售价格是橘农获取稳定收入的主要途径，而价格上涨，又会抑制消费者的购买需求，最终影响柑橘的销售。因此，增加有机肥而减少化肥的施用，加强果园管理，减少农药喷洒可以降低化肥和农药的投入成本，从而有效地降低物质与服务费用；同时，人工成本也可以由提高劳动效率、运用新技术或提高机械化作业来控制，从而有效控制中国柑橘生产成本的持续大幅上升。

4.3.4　柑橘加工能力相对薄弱严重制约了柑橘消费的增长

中国柑橘的加工能力不足，由于柑橘不易储存，每年用于鲜销的柑橘约占总量的 95% 以上，剩下极少量的柑橘用于加工，柑橘罐头是主要的加工品。目前，中国是全球最大的柑橘罐头生产国和出口国。但是，消费量占全球果汁消费量 50% 以上的橙汁才是最主要的柑橘加工品，2010—2015 年中国的橙汁出口量总计仅为 7.22 万吨，与其他柑橘主产国巴西、美国相比微不足道。橙汁等主要柑橘加工品的加工能力有限，严重影响了中国柑橘产品的附加值，也成为中国柑橘产业发展的瓶颈。目前随着人们生活水平的逐步提高，对柑橘汁消费需求将会逐年增长，但国内不断增长的柑橘汁（尤其是橙汁）消费需求在一个较长时期内不能自给，仍然严重地依赖国际市场，而国内大部分的销售依赖于集中上市保存性较差的柑橘鲜果，这使得中国柑橘消费的增长空间受到了制约。

4.3.5　橘农抗风险意识和能力较差导致柑橘产销波动加剧

从 2008 年的雪灾冻害和"大食蝇"事件我们发现，在突发事件发生时，橘农的抗风险意识和能力都很低，既没有政府或柑橘产业组织提供相关的突发事件预警信息，也没有参加农业保险转嫁风险和减少损失。这使得灾害发生时，柑橘的产量受到一定影响、柑橘价格快速下跌，柑橘销售量大幅下降，橘农当期收入大幅缩水，进而在下期柑橘生产过程中，橘农会减少要素投入和果园管理投入，影响柑橘来年的产量和质量，从而又会影响下期销售，这样会加剧柑橘的产销波动，不论是对橘农、消费者还是柑橘产业都会产生不利影响。

4.3.6　水果消费结构、消费水平和消费能力发生了新的变化影响国内消费需求

随着人们收入水平的提高及大量国外水果的进入，使得消费者的消费结构、消费水平和消费能力发生变化。近年来中国水果生产规模和产量不断扩大，2001 年水果总产量为 6658 万吨，经过年均 10.63％的快速增长，2015 年达到了 27375 万吨。2001—2015 年，除柑橘外，苹果、梨、葡萄和香蕉的产量也分别实现了年均 5.87％、5.80％、10.00％和 7.15％的增长。同时，中国进口水果的数量和金额也呈现快速增长的势头，2005 年中国水果进口金额为 6.59 亿美元，而 2015 年进口金额就高达 56.58 亿美元，年平均增长率为 23.99％，进口品种主要包括香蕉、猕猴桃、柑橘和葡萄等。水果品种的丰富和水果品质的提升满足了消费者的多元化需求，但各种国产和进口水果品种之间对争夺消费者和市场的竞争也愈演愈烈。

4.3.7　柑橘的产销对接不畅导致"卖橘难"问题频现

目前，利用互联网和移动通信设备等发布柑橘产销信息，为柑橘收购商提供销售咨询服务还不成熟，没有形成稳定的产销对接信息网络；农产品经纪人、农业产业化龙头企业、农民专业合作社、农产品批发市场、农

产品行业协会发展规模不够，没有有效带动柑橘产销链条的快速运转；各主产区没有实现切实减免通行费，保证运输畅通，方便柑橘跨区域流通；主产区还没有将开展柑橘推介会、产销对接会等促销活动形成常态化，增强产销对接的措施力度和广度不强，导致"卖橘难"问题不断发生。

4.3.8　柑橘果品品质不高，品牌建设滞后影响销售

近年来，虽然中国柑橘科研工作有了突破，使得柑橘鲜果无论在口感、糖分和营养成分上都有了较大改善，先后涌现出一批口碑好的特色柑橘品种，广受消费者喜爱。但由于历史原因，大部分柑橘主产区还存在老果园改造、品种更新、投入不足等问题，使得柑橘鲜果在外形、口感上不佳的问题表现尤为突出，在一定程度上阻碍了销售，而部分橘农缺乏品牌保护意识，以次充好，损害了优质柑橘的品牌形象，导致柑橘售价不高、销量下滑。

4.3.9　国际贸易形势的不利变化影响出口需求

世界经济的持续低迷，大部分消费领域的购买力萎缩。欧盟对中国罐头企业的反倾销反垄断的调查，给柑橘加工品的出口造成了不利影响。各国对食品安全问题的关注日益提高，产品出口的技术壁垒越来越高。对柑橘的检验检疫标准逐渐提高，造成中国柑橘出口受到影响。如欧盟针对包括水果进口在内的 EUREPGAP 标准。该标准是 1997 年由欧洲零售商协会发起的针对果品蔬菜等生产者制定的基础性标准，只有符合该标准才能进入欧洲市场销售，从生产源头控制农产品质量安全风险。随着欧盟日益重视农产品质量安全问题，对进口农产品的检验检疫也越来越严格，中国出口到欧盟的柑橘水果由于没有达到检验检疫标准将会被欧盟市场淘汰出局。

此外，还有物价上涨、运输成本上涨、柑橘营销力度不够等多方面因素影响中国柑橘的生产、消费和流通，了解中国柑橘产销的历史和现状，分析影响柑橘产销的各种因素，可以为柑橘产销预警中的警源辨析奠定基础。

4.4　结论与讨论

　　日益突出的柑橘产销矛盾不仅对橘农造成了较大影响，也在柑橘产业的健康发展之路上设置了障碍。本章从柑橘产销预警的目标出发，对中国柑橘生产、销售的历史、现状进行了详细分析。结果表明：中国柑橘产量高，种植面积大，但由于小规模分散经营和种植技术及果园管理手段落后，导致单位面积产量低下，远低于巴西、美国等其他柑橘主产国；中国的柑橘成熟期比较集中，供应期结构不合理，柑橘品种结构尚需进一步优化；中国柑橘采后处理、加工环节还处于较低水平；中国柑橘产业化程度不高，缺乏具有高品牌知名度的柑橘产品；国内市场的鲜果销售是中国柑橘销售的主要渠道，出口销售所占比例较小，国内市场销售阻力大；由于信息不对称，风险意识薄弱，导致宏观经济和突发事件等极易影响柑橘的生产和销售。以上柑橘产销的现状使得"卖橘难"已经成为中国柑橘产业的常态问题，柑橘产销矛盾日益突出，这势必会直接影响橘农的收入，很大程度上打击其生产柑橘的积极性，不利于整个柑橘产业的稳定发展。

　　影响柑橘产销的主要因素来源于国内外的供给和需求及政策环境等各个方面：技术落后、生产不规模导致柑橘单产低下、果品质量不佳；柑橘结构性过剩导致柑橘鲜果销售困难；柑橘加工能力相对薄弱严重制约了柑橘消费的增长；橘农抗风险意识和能力较差导致柑橘产销波动加剧；水果消费结构、消费水平和消费能力发生了新的变化影响国内柑橘消费需求；柑橘的产销对接不畅导致"卖橘难"问题频现；柑橘果品品质不高，品牌建设滞后影响销售；国际贸易形势的不利变化影响出口需求等。了解了柑橘产销的影响因素即是为柑橘产销预警工作进行了初步警源辨析，是柑橘产销预警的初始环节。

第5章　中国柑橘产销预警指标体系构建

建立科学、合理的柑橘产销预警指标体系，是构建柑橘产销预警系统的重要环节。柑橘产销状况的识别判断、产销警源辨析、产销警兆分析、产销态势预测预报、预警模型中变量的选择、原始数据的收集整理等工作都离不开预警指标体系。柑橘生产和销售是否处于无警的安全平衡状态？如果出现了产销警情程度是否严重？哪些因素会影响柑橘的产销平衡，各因素对其产生影响的程度如何？回答上述问题必须要通过一系列具体化的预警指标来反映。同时，进行柑橘产销预警必须要建立实用有效的数据库，没有数据何谈预警，而指标体系就是建立数据结构、收集整理数据的重要参照。因此，作为整个柑橘产销预警系统研究的重要组成部分，本章将探讨柑橘产销预警指标体系的设置，包括产销预警指标体系的总体构架、预警指标的选择原则和其理论依据，以及预警指标的分类分级等，目的就是探索柑橘产销预警指标体系的构建方法，筛选一套科学实用的柑橘产销预警分析指标体系。

5.1　柑橘产销预警指标体系总体构架

建立柑橘产销预警系统的根本目的就是对中国柑橘产销是否平衡进行预测预警。构建包括警情指标、警源指标和警兆指标的科学合理的柑橘产销预警指标体系是建立柑橘产销预警系统的基础性工作和基本内容之一。第一，选择警情指标。进行柑橘产销预警，首先要选择确实能反映柑橘产销平衡与否的警情指标，同时，根据可能发生的柑橘产销失衡的不同程度及其影响，对警情指标进行警度划分和警限确定。这样才能根据目前或预测数据计算警情指标数值，并观察警情指标值落入哪一个预警区域内，然后发出相应的警示灯信号，使相关的信息使用者能够直观地识别判断柑橘产销状况。第二，辨析警源指标。警情发生是由警源引起的，在确定警情指标后还应该从各方面辨析产生警情的因素，这也为合理设置警兆指标奠定了基础。第三，选择警兆指标。通过分析和确定哪些是影响或决定警情指标变化的相关警源，确定与警情指标先行变化、同步变化与滞后变化的警兆指标。然后，可以根据警兆指标与警情指标相关程度和时滞，确定模型预测或专家调查预测时的变量及时滞设置。而且，通过分析警兆指标的变动，可以了解哪些因素会在多大程度上引起柑橘产销失衡，并提前做好相应的对策措施。

5.1.1 柑橘产销关系结构

柑橘产销平衡就是要力求柑橘供需实现基本平衡，柑橘供给、需求的变化会影响产销平衡的状态。因此，建立柑橘产销预警指标体系，首先必须全面分析柑橘基本产销关系结构及影响柑橘供求关系的主要因素，如图 5-1 所示。

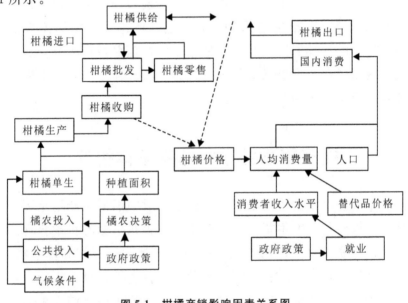

图 5-1 柑橘产销影响因素关系图

Fig. 5-1 The diagram of influence factors of citrus production and sale

柑橘供求关系及其影响因素之间的交互影响是比较复杂的。最终决定柑橘产销平衡的供求关系自身又受到各种因素影响:

　　(1) 柑橘供给构成及其影响因素。中国柑橘总供给的来源主要包括中国柑橘生产和国外柑橘的进口两个方面,从流通的角度来看,面对最终消费者的零售市场供给来源于各柑橘批发市场和柑橘主产区的直销市场。中国的柑橘生产主要由柑橘种植面积和单位面积产量两方面共同作用影响。柑橘的种植面积取决于当地的生态条件和橘农的种植积极性。橘农的种植积极性影响其种植柑橘的意向和种植结构,而种植积极性与柑橘种植收益密切相关,柑橘种植收益受到柑橘市场价格波动、生产成本波动、政府相关扶持政策等的影响。柑橘的单产受到当地气候条件、土壤条件、橘农投入和当地政府投入等的影响。而其中橘农投入是受到柑橘价格、生产资料价格、其他生产费用、相关政策的影响。同时单产还与科技投入有关,科技投入取决于橘农所采用的技术、相关部门和科研单位的科研与技术推广投入。国外柑橘的进口取决于中国柑橘的进口能力和国际柑橘供给能力。中国柑橘的进口能力与中国国民的收入水平、对柑橘类产品需求的多样性、世界柑橘价格及相关进口政策有关;国际供给能力与柑橘出口国或地区的生产、气候等条件有关。另外,中国具有人口和资源分布不均衡的特点,柑橘的生产布局和消费习惯导致地区间柑橘生产和需求差异很大,柑橘的流通体制、交通、物流、冷藏保鲜和储运能力也都会影响柑橘的供给。

　　(2) 柑橘需求及其影响因素。中国柑橘总需求的来源主要包括中国柑橘需求和对国外出口的柑橘,涉及鲜果需求及加工品(柑橘罐头、柑橘汁等)需求。柑橘的国内消费需求主要取决于中国的人口数量和人均柑橘消费量。人均柑橘消费量又与人均可支配收入、居民消费偏好(口味、习惯、爱好)等密切相关。一般而言,随着人均可支配收入的提高,人们对水果类农产品的消费会随之增加,但柑橘消费量是否能快速增长还取决于苹果、梨、葡萄、香蕉等其他水果替代产品的相关消费情况。此外,对于柑橘的品质、种类和加工程度的要求也会进一步提高。居民收入水平又与工资收入、财产性收入、转移收入、税收政策、就业率等因素有关,而这些最终受到整个国民经济发展和宏观经济政策影响。中国柑橘的出口也是柑橘需求的一个重要组成部分，它主要是受到进口国经济增长、人口增长、消费偏好和相关贸易政策等的影响。

（3）供求环境与政策。自然环境的好坏对柑橘等农产品供给影响很大，尤其是自然灾害对柑橘生产的影响。而影响柑橘生产的自然灾害主要包括旱灾、洪灾、冰雪冻害和病虫害等。经济与政策环境作为一个外生因素对柑橘总供给和总需求都会产生较大影响，主要包括宏观经济政策、农业与农村发展政策、柑橘流通政策、国际贸易政策等。宏观经济政策包括货币政策和财政政策，它不仅影响中国宏观经济运行，而且对农业生产和农产品消费产生一定的影响。宏观经济政策对柑橘生产的影响主要体现在对生产资料、生产劳动投入机会成本、生产服务费用等方面的影响；对柑橘消费的影响主要体现在对柑橘价格和柑橘购买能力等的影响。例如，中国在 2008 年全球金融危机后，为振兴经济、刺激内需使用扩张性货币政策和积极财政政策。这些政策的使用使得货币供应量增加，导致相关产业快速发展，使居民收入水平不断提高；但同时 CPI 高企，最终导致水果类农产品价格迅速上涨，涨幅甚至高于收入水平的增幅，这势必会影响消费者的柑橘购买力尤其是低收入人群的柑橘购买能力。农业与农村发展政策如财政支农政策、农田水利基础设施建设支持政策、农村税费政策、农业技术推广政策等将影响柑橘生产和供给；流通政策等会影响柑橘价格和供求；国际贸易政策也会影响柑橘进出口，由于中国的果蔬农产品具有比较优势，因此我们一定会扩大包括柑橘在内的水果和蔬菜的种植规模，但由于欧盟等国家设置了较高的技术性贸易壁垒和绿色贸易壁垒，使得具有比较优势的柑橘出口受到一定程度的制约，最终影响柑橘生产和消费。

5.1.2 柑橘产销预警指标体系的构建原则

柑橘的生产和销售受到产量、单产、投入、突发事件、需求量、进口量、出口量、价格、消费者收入及国家政策等诸方面因素的影响，是一个复杂的系统。这就决定了该预警指标体系是由一系列相互关联且能敏感地反映出其产销风险状态及存在问题的指标构成的，产销预警指标选择的合理与否直接影响到预警的效果，因而在选取产销预警指标时应当首先遵循以下基本原则：

（1）全面性原则。由于柑橘的生产和销售过程涉及供给、需求及相关经济、政策环境等各方面因素，因此在设置柑橘产销预警指标体系的过程中必须全面考虑各种因素，使得入选指标应能够全面、深刻地反映柑橘产销中各个方面、各个环节、各个因素之间的关系。

（2）代表性原则。柑橘产销预警指标体系的建立在满足该指标体系全面完整的同时，还应使所建的指标体系应尽可能简洁。根据研究方法的需要，有针对性选择代表性高、贡献度大、敏感度强的指标，一些代表性不强、共线性高、含义接近的指标应该剔除。这样使所构建的指标体系既包含了监测预警所需要的主要指标，保证了监测预警的效果，又不会出现与监测预警关系不大的冗余指标，进一步保证了预警结果的准确度。

（3）灵敏性原则。预警指标应具有较高的灵敏度，它们要能对柑橘产销过程中发生的微小变化做出及时反应。特别是先行指标一定要选择敏感度高的指标，这些指标不仅要能明显反映柑橘产销发生的正常波动，而且还能提前准确反映柑橘产销将会出现的异常波动，预测预警将可能发生的产销风险。

（4）可操作性原则。预警指标应该具有可操作性，要根据中国统计资料的现状、统计调查涵盖的范围和数据资料的方便采集程度来选择预警指标。一般而言，应当选择目前国家公开出版和公布的、具有法律效力的数据信息作为基本指标，只有这样才能经济快捷地获取有用的指标，并保证预警工作的易推广性。同时要兼顾指标样本容量足够大，以满足不断调整的需要。这样可以根据相关的数据资料，对中国柑橘的生产和销售进行时间序列分析，建立相应的预警分析模型。

（5）前瞻性原则。在指标选取可操作性的基础上，还应保证指标选择具有前瞻性。当前经济社会发展迅速，变化日新月异。柑橘生产、加工、流通各环节中所运用的技术手段推陈出新，中国的柑橘产业也在不断地发展，逐步与国际接轨。因此，还要结合国际上通用的指标，适当增加一些与国际统计接轨、符合市场经济发展需要的前瞻性指标。

（6）定性与定量相结合原则。柑橘产销平衡是一个复杂的系统，是许多相关因素交互作用的结果，其中一些因素可以量化，而有些因素则无法量化。如果单纯侧重定量指标而不考虑定性指标，有可能把许多有较大影响的定性指标排除在柑橘产销体系之外，则会对预警的准确性产生不利影响。因此，在构建指标体系时，除了选择定量指标以外，还有要选择对产销预警有重要影响的定性指标，在对其进行分析的基础上通过虚拟化等方式将其量化补充使用，全面反映柑橘产销波动情况及发展趋势。

5.1.3 柑橘产销预警指标体系基本框架

根据图 5-1 描述的柑橘供求关系架构及柑橘产销预警指标体系的设置原则，本章构建了包括警情指标、警源指标和警兆指标三大类的柑橘产销预警指标体系的基本框架。其中，警情指标的设置包括柑橘供求关系指标和柑橘价格波动指标；警源指标的设置包括自然警源、外生警源和内生警源指标；警兆指标的设置包括供给警兆、需求警兆和环境警兆指标（见图 5-2）。

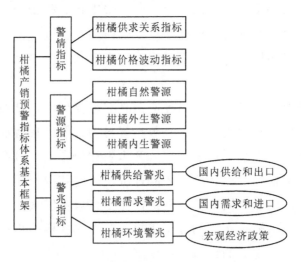

图 5-2 柑橘产销预警指标体系基本框架

Fig. 5-2 The framework of early warning index system of citrus production and sale

5.2 柑橘产销预警指标体系的分类设置

5.2.1 警情指标

警情是指经济运行过程中发生的异常状况。要明确警情的含义，就需要使用一些在衡量柑橘产销状态的重要统计指标来对警情进行定量描述。在研究柑橘产销问题的时候，主要是"卖橘难"的问题十分突出，这实质是供求失衡的表现，可以用柑橘的供求比率＝柑橘供应量/柑橘需求量来判断是否出现产销风险。当该指标为 1 时，柑橘供求处于平衡状态；当该指标大于 1 时，出现柑橘供大于求；当该指标小于 1 时，出现柑橘供不应求，并根据指标与 1 之间的偏离程度来判断其供需失衡的程度，从而确定警情发生的程度大小。但柑橘需求量的数据很难获取，考虑到价格的波动反映了柑橘产销中供求关系的变化，因此以柑橘生产者价格波动率＝（当期柑橘生产者价格－上期柑橘生产者价格）/上期柑橘生产者价格作为警情指标。一般而言，正常情况下，柑橘的价格会在合理的区间内上下波动，一旦价格波动剧烈且超出合理区间时，价格风险就会发生，也就说明了柑橘产销出现了警情。

5.2.2　警源指标体系

明确了柑橘产销的警情之后，接下来就应该将产生警情的原因——警源寻找出来，寻找警源是进行后续柑橘产销预警工作的基础环节。从警源的形成原因来看，一般可以分为以下三类：

（1）自然警源。包括气象因素、地质因素、海洋因素和资源因素。这些因素的异常变化常常会带来严重的自然灾害，从而造成毁灭性后果。例如，自然灾害（雪灾、冻灾、旱灾、虫灾等）是影响中国柑橘生产销售的主要因素之一，它将导致柑橘的年产量和销量的异常变动，可能发生警情，因此它是中国柑橘产销安全的自然警源。例如，2008 年 1～2 月的持续低温雨雪天气产生了严重的冻害，对柑橘生产造成了巨大影响。中国四大主要柑橘带及三大特色柑橘基地的大部分柑橘园受到影响，尤其是湖南、湖北、江西、广西四省受灾情况最为严重，大量柑橘果树冻伤、冻死，柑橘生产设施和设备也遭到不同程度的损坏，各项经济损失近 50 亿元。雪灾冻害还导致部分柑橘园减产，2008—2009 年中国柑橘总产量增长势头减缓，价格波动幅度增大，橘农投入成本提高，收入下降，同时出口也受其影响。而同年 9 月发生的柑橘"大食蝇"事件更是对宽皮柑橘和甜橙造成严重影响，与正常年份相比，销售价格和销售量双双大幅下挫，使得橘农收入大幅下滑。

（2）外生警源。一般是指从国外输入的警源，是指由于中国和世界其他国家或地区及经济组织之间的政治关系、经济关系，对外关系的变化可能对中国实体经济增长造成负面影响，使宏观经济运行出现不安全的有警状态。自从加入世界贸易组织（WTO）后，中国的农产品市场必然与国际农产品市场对接，使得农业生产者将会面临国际国内双重市场风险。例如，柑橘的进出口限制（贸易壁垒）、日本和欧盟是中国柑橘的主要出口市场，为了限制中国柑橘类产品的出口贸易，2006 年《欧盟食品安全新法规》的正式实施，不仅提高了水果进口的食品安全标准，还要求在生产阶段就要符合新的生产安全标准，这无疑是提高了中国柑橘出口到欧盟市场的准入标准，在 2004 年 4 月至 2007 年 11 月对柑橘罐头实施关税配额限制对柑橘的出口产生较大冲击，这都严重影响了中国柑橘的出口；近年来日本为了保护本国柑橘产业，在农药残留等方面采用歧视性标准，增加检测项目，阻止中国柑橘类水果的进口。此外，国际柑橘产量、国际市场柑橘价格、国际柑橘贸易状况、国际柑橘生产资料价格等因素都会对中国柑橘生产产生影响，导致警情发生。从柑橘生产和销售的发展情况来看，外生警源是不可避免的。

（3）内生警源。是来自经济运行自身的内生性因素，包括生产性警源和分配性警源两类。前者是指生产资料价格变动、资金投入不足、劳动力成本增加市场环境恶化时，使农产品生产受到直接影响。例如，柑橘生产资料与柑橘之间的比价不合理，柑橘的生产资料价格过高，导致柑橘生产萎缩，持续影响下一年的柑橘产量，这样可能会导致警情的发生。后者是指由于利益分配关系的不合理而对农产品生产和销售产生不利影响。例如，柑橘与蔬菜两种农作物的种植，如果柑橘总是相对于蔬菜收益低，就会极大挫伤橘农的生产积极性，甚至放弃种植柑橘转而种植蔬菜，会导致柑橘产销警情的发生。

5.2.3 警兆指标体系

警兆是警情产生之前预先出现的现象，是预警过程中的重要步骤。警源是引发警情的导火索，警兆就是从警源这根导火索到引发警情这场火灾过程中的具体表现，通过分析警兆指标的发展态势，可以预报警情、警度。从柑橘产销预警的角度可以把警兆指标分为三类：供给警兆指标、需求警兆指标和供求环境警兆指标，见表 5-1。

表 5-1　柑橘产销警兆指标体系

Table 5-1　Alert promise indexes system of citrus production and sale

供给警兆指标	序号	需求警兆指标	序号	供求环境警兆指标	序号
柑橘种植面积增长率	1	人口自然增长率	1	农业支出占财政支出比重	1
柑橘单产增长率	2	城镇居民家庭人均可支配收入增长率	2	通货膨胀率	2
有效灌溉面积增长率	3	农村居民家庭人均纯收入增长率	3		
受灾面积增长率	4	城镇居民人均水果消费量增长率	4		
农用机械总动力增长率	5	苹果生产价格增长率	5		
农业生产资料零售价格指数波动率	6	柑橘进口量增长率	6		
柑橘平均每亩生产成本增长率	7				
柑橘出口量增长率	8				

供给警兆指标。柑橘供给是由经济水平、社会环境、气候和地理条件、技术等多种因素综合决定的，主要包括国内柑橘生产和国外柑橘的进口两个方面。国内柑橘的生产又主要由柑橘种植面积和柑橘单产两个因素决定：一方面柑橘的种植面积主要取决于当地的生态条件是否适宜种植柑橘和橘农的生产积极性。而橘农的积极性与种植柑橘的收益密切相关，这与柑橘的成本、收益、政策扶持等都有关系；而另一方面农业机械总动力增长率、农业生产资料的价格、投入要素的成本、技术进步、气候等因素又决定了柑橘单产的高低。国外柑橘的进口主要受到国内需求的影响，它与国内生产一起构成了柑橘的总供给。考虑以上的影响因素和指标的可操作性原则，综合选择柑橘种植面积增长率、柑橘单产增长率、有效灌溉面积增长率、农用机械总动力增长率、农业生产资料零售价格指数波动率、柑橘平均每亩生产成本增长率、柑橘进口量增长率、受灾面积增长率作为

供给警兆指标。

需求警兆指标。柑橘是一种中国乃至世界范围内产销量最大的水果之一，既能用于鲜食，又可用于加工成柑橘罐头和柑橘汁，其副产品还可以进一步加工利用。由于柑橘的主要消费者是人，人口数量和人口增长决定着柑橘需求量的变化；居民收入提高，人民的生活水平不断改善，水果需求增加，而柑橘作为一种水果其需求的变动受居民收入水平和水果消费量变动的影响；此外，柑橘的消费还应该考虑替代产品的消费，由于苹果是中国第一大果，我们将苹果消费的变动也作为影响柑橘消费的因素之一。柑橘出口量表明国外对国内柑橘的需求，也是柑橘需求、销售的一部分，故将柑橘出口变动因素考虑进来。考虑以上的影响因素和指标的可操作性原则，综合选择人口自然增长率、城镇居民家庭人均可支配收入增长率、农村居民家庭人均纯收入增长率、城镇居民人均水果消费量增长率、苹果生产价格增长率、柑橘出口量增长率作为需求警兆指标。

供求环境警兆指标。供求环境作为一个外生因素也会对柑橘产销产生一定影响。宏观经济环境将会影响整个社会经济活动，对柑橘生产和销售也会有一定影响，考虑以上的影响因素和指标的可操作性原则，综合选择农业支出占财政支出比重、通货膨胀率作为供求环境警兆指标。

（1）柑橘种植面积增长率。柑橘种植面积是指实际种植柑橘的面积。柑橘供给量的多少是决定柑橘价格的主要因素，柑橘种植面积的变动必然影响和决定柑橘价格的波动。

（2）柑橘单产增长率。柑橘单位面积产量＝柑橘总产量/柑橘种植面积，是决定柑橘供给量的主要因素，单产的波动也会影响柑橘价格的波动。

（3）有效灌溉面积增长率。有效灌溉面积是反映中国农田水利建设的重要指标，即是指在一般年景下，能够正常灌溉的具有一定水源、平整地块和配套灌溉工程或设备的耕地面积。

（4）农用机械总动力增长率。农用机械总动力是指用于种植业、畜牧业、渔业、农产品初加工、农用运输和农田基本建设等活动的全部农业机械动力的额定功率之和。

有效灌溉面积的增长和农用机械总动力的增长能够在一定程度上体现

技术要素投入的增长，而技术要素投入的增长将会提高农产品的单产水平和质量，故将这两个指标作为影响柑橘价格波动的警兆指标。

（5）农业生产资料零售价格指数波动率。农业生产资料价格指数是反映农业生产资料价格水平变动趋势及幅度的统计指数。成本的变动是价格波动的主要影响因素，中国柑橘生产成本构成主要是物质费用和人工成本两部分。其中物质费用中，生产资料的费用占相当大的比重，其指数大于100%，表示价格上涨；其指数小于100%，表示价格下跌，因此用农业生产资料价格指数波动率（农业生产资料零售价格指数－100%）来作为反映柑橘价格波动的警兆指标。

（6）受灾面积增长率。柑橘产量波动同其他农产品一样易受到自然灾害的影响。由于中国目前农产生产力水平还有待提高，农业基础设施还有待完善，出现的自然灾害会造成农产品包括柑橘不同程度减产，因此应将受灾面积作为警兆指标，由于柑橘受灾面积没有详细统计数据，故选用所有农产品受灾面积增长率作为替代指标。

（7）柑橘进口量增长率。柑橘进口量的变动直接影响了中国柑橘的需求总量，从而影响了柑橘价格的波动。

（8）柑橘出口量增长率。柑橘出口量的变动直接影响了中国柑橘的供给总量，从而影响了柑橘价格的波动。

（9）通货膨胀率。是总体物价水平的上升速度，实际中世界各国均主要通过居民消费价格指数的增长来衡量。居民消费价格指数是反映居民在一定时期内购买的商品和服务价格的变动趋势及幅度的动态相对数。该指标扣除100%后可以作为反映通货膨胀情况的重要指标，而通货膨胀率越高，就意味着农产品的价格上涨速度越快，反之亦然。因此，选择其作为柑橘价格波动的警兆指标。

（10）柑橘平均每亩生产成本增长率。成本的变动是价格波动的主要影响因素，因此使用中国柑橘平均每亩生产成本增长率作为反映柑橘价格的成本警兆。由于柑橘成本核算分为柑和橘两大类，因此分别使用柑、橘加权后的平均每亩生产成本增长率来表示柑橘生产成本的变动。

（11）人口自然增长率。一般是指在一年内人口出生人数减死亡人数的差值占同年内平均人数或年中人数的比重。由于柑橘的需求与人口增长有关，从而会影响柑橘价格的波动，因此也将其纳入预警指标体系。

（12）城镇居民人均水果消费量增长率。中国国内居民对柑橘鲜果的需求是柑橘需求中最核心的部分。而人均柑橘鲜果消费量的统计数据缺乏，根据柑橘消费属于水果消费的一部分，通常柑橘消费占水果消费的20%，故利用人均水果消费量作为替代指标反映柑橘需求的变动，作为价格警兆之一。

（13）农业支出占财政支出比重。国家对三农的支持政策可以通过农业支出占财政支出的比重来定量反映，而政策环境也是影响柑橘供求的重要因素，势必对柑橘价格造成影响，将其作为环境警兆之一。

（14）城镇居民家庭人均可支配收入增长率。城镇居民家庭人均可支配收入是按照人口平均后的城镇居民家庭可以自由支配用来消费、储蓄和其他支出的收入。用来反映一个国家或地区当年城镇居民的平均收入水平。

（15）农村居民家庭人均纯收入增长率。农村居民家庭人均纯收入是按人口平均的农村居民家庭当年从各个来源渠道获取的总收入扣除费用后的收入。用来反映一个国家或地区当年农村居民的平均收入水平。

以上两个人均收入指标都是反映居民收入变动的指标，而收入的增长是消费增长的原动力，尤其是人民生活水平提高、收入增长迅速能有效带动水果类农产品的消费量增长，消费量的增长最终会影响价格，因此收入增长率指标对价格有较高敏感度，应当作为警兆指标。

（16）苹果生产价格增长率。水果类农产品种类繁多，除柑橘外，还有苹果、梨、葡萄、香蕉等多种水果，消费者有各自的消费习惯和偏好，从而各种水果之间有一定的替代性。在中国，苹果是第一大果，因而苹果价格的变动会影响其消费量波动，继而对柑橘的消费和价格也会产生影响，故将苹果生产价格增长率作为警兆指标之一。

5.3 柑橘产销预警先行、同步和滞后指标的确定

在柑橘产销预警指标体系中，各指标的经济意义对柑橘产销的影响是有时间差异的，有的指标会对当期的柑橘产销产生影响，有的指标则会对

下一期或下几期的柑橘产销产生影响。所以在确定了警情指标、警源指标，分析选择了警兆指标的基础上，还必须根据其对柑橘产销影响的时滞性，把警兆指标划分为先行警兆指标、同步警兆指标和滞后警兆指标。前者用于柑橘产销预警工作，中者用于柑橘产销情况的实时监测，而后者用于判断柑橘产销景气转折点，三者互为补充说明，在柑橘产销预警中都具有非常重要的地位。

5.3.1　先行、同步、滞后指标的分类方法

目前对于先行、同步、滞后指标的划分方法主要包括：时差相关分析法、三角函数法、K－L 信息量法、循环方式匹配法、交叉谱分析法、马场法、因子分析法、聚类分析法和峰谷对应法等。各种方法在判断指标类型时是有一定差异的，为使先行指标、同步指标和滞后指标的确立更加科学和准确，本章首先应用时差相关分析法、聚类分析法对警兆指标进行初步分类，再在定性认识的基础上结合峰谷对应法最终确立柑橘产销预警的先行指标、同步指标和滞后指标。

（1）时差相关分析。是通过计算指标间的时差相关系数的大小来确定它们之间的相关程度并对指标划分时滞的一种常用方法。时差相关系数的取值范围为－1～1 之间，利用它的大小可以定量测定两个时间序列之间线性相关关系的程度。然后通过各期时差相关系数的大小比较来判断一个指标与基准指标之间是先行、同步还是滞后关系。时差相关分析法首先要选择一个灵敏度高的经济指标作为基准指标，然后其他指标相较基准指标提前或滞后若干期，计算每一时期对应指标序列和基准指标序列之间的相关系数。凡是相关系数最大值对应的期数为基准时期之前，该指标为先行指标，反之则为滞后指标，如果相关系数最大值出现在基准期则为同步指标。时滞长度就是时差相关系数最大值对应时期与基准期之差。设 $y=(y_1, y_2, \cdots, y_n)$ 为基准指标，$x=(x_1, x_2, \cdots, x_n)$ 为比较指标，r 为时差相关系数，则：

$$l=0, \pm 1, \pm 2, \cdots, \pm L \tag{5-1}$$

式中，l 被称为时差数用来表示指标的先行、滞后期。$l<0$ 时表示先行，$l>0$ 时表示滞后，$l=0$ 时表示同步。L 是先行或滞后的最大期数，即

l 的最大取值，n_l 是不包含缺失值的样本数。

在对指标进行时滞计算和分类时，将所有指标与基准指标计算的不同时期时差相关系数的最大值作为标准，根据最大值对应的时期与基准期相比是提前还是滞后来划分指标类型，相应的时差数 l 表示其先行或滞后期的长度。

（2）聚类分析法。是一种不需要事前确定明确分类标准，而直接对样品或指标按照数据自身属性的相似程度进行合理分类的多元统计分析方法。具体而言，就是研究样本存在着多个观测指标，根据样品或指标之间的相似程度来构建可以定量度量的统计量（一般以距离度量），并以该统计量为依据进行分类聚合。在众多聚类方法中，系统聚类法应用最为广泛，该方法不仅操作简便、结构丰富，而且还能得到一张完整的分类系统图。

（3）峰谷对应法。是直观观察比较波动转折点来确定指标类别的方法。一般包括以下两种具体操作方法：①比较转折点，该方法首先将被选指标波动的转折点计算出来，再将转折点对应的时间和基准指标进行比较，就可以得出被选指标的类型和先行或滞后的时间长度；②画图比较，有两种方式：一种是首先将拟分类指标做时序图，并标明其波动的基准时间线，用字母"P"代表基准时点的波峰，字母"T"代表基准时间的波谷，"P"与"T"之间的时间间隔就是一个周期波动的长度，从图上可以看出和基准时间对应的峰和谷相比，拟分类指标的峰、谷先行或滞后的时间长度。另一种方式是选择一个能灵敏反映经济波动并同步波动的指标作为基准指标，如警情指标。把基准指标与被选指标同时画时序图，对比两种指标的峰和谷，即能对指标进行分类并确定其先行或滞后的时间长度。

5.3.2　利用时差相关分析筛选先行、同步、滞后指标

利用 SPSS18.0 统计软件进行时差相关分析，根据时差相关分析对数据的要求和数据的可获得性及可比性要求，选取 1992—2015 年的数据，来源于《中国统计年鉴（1993—2016）》《中国农业统计年鉴（1993—2016）》《全国农产品成本收益资料汇编（1993—2016）》、国际粮农组织（FAOSTAT）、

联合国商品贸易统计（UN Comtrade Statistics）及中华人民共和国国家统计局数据库（http：//data.stats.gov.cn/index）。最终对影响柑橘生产价格增长率的警兆指标分别计算提前和滞后 3 年的时差相关系数，比较确定 7 个时差相关系数中最大的值，从而得到指标的时滞分类：其中先行指标 8 个，分别为农业支出占财政支出比重、柑橘单产增长率、农用机械总动力增长率、柑橘平均每亩生产成本增长率、人口自然增长率、受灾面积增长率、有效灌溉面积增长率、柑橘进口量增长率；同步指标 2 个，分别为柑橘种植面积增长率、城镇居民人均水果消费量增长率；滞后指标 6 个，分别为通货膨胀率、苹果生产者价格增长率、农产生产资料零售价格指数、柑橘出口量增长率、城镇居民人均可支配收入增长率、农村居民人均纯收入增长率，见表 5-2。

表 5-2　柑橘产销的先行、同步及滞后指标

Table 5-2　leading，synchronous and lagging indexes of citrus production and sale

指标类型	名　称	先导长度
先行指标	农业支出占财政支出比重	-1
	柑橘单产增长率	-3
	农用机械总动力增长率	-2
	柑橘平均每亩生产成本增长率	-2
	人口自然增长率	-3
	受灾面积增长率	-3
	有效灌溉面积增长率	-3
	柑橘进口量增长率	-1
同步指标	柑橘种植面积增长率	0
	城镇居民人均水果消费量增长率	0
滞后指标	通货膨胀率	2
	苹果生产者价格增长率	2
	农业生产资料零售价格指数	2
	柑橘出口量增长率	2
	城镇居民人均可支配收入增长率	2
	农村居民人均纯收入增长率	2

5.3.3　利用聚类分析筛选先行、同步、滞后指标

采用 SPSS18.0 软件对 16 个警兆指标进行层次聚类分析，根据聚类结果可以把警兆指标分为三类。其中先行指标 7 个，分别为柑橘种植面积增长率、柑橘单产增长率、柑橘平均每亩生产成本增长率、农业机械总动力增长率、柑橘进口量增长率、苹果生产者价格增长率、农业生产资料零售价格指数波动率；同步指标 6 个，分别为农业支出占财政支出比重、有效灌溉面积增长率、受灾面积增长率、城镇居民人均水果消费量增长率、人口自然增长率、柑橘出口量增长率；滞后指标 3 个，分别为城镇居民人均可支配收入增长率、农村居民人均纯收入增长率、通货膨胀率，见表 5-3。

表 5-3　柑橘产销的先行、同步及滞后指标

Table 5-3　leading，synchronous and lagging indexes of citrus production and sale

指标	分类	指标	分类
柑橘种植面积增长率	1	农业生产资料零售价格指数波动率	1
柑橘单产增长率	1	城镇居民人均可支配收入增长率	3
有效灌溉面积增长率	2	农村居民人均纯收入增长率	3
柑橘平均每亩生产成本增长率	1	城镇居民人均水果消费量增长率	2
农业支出占财政支出比重	2	人口自然增长率	2
受灾面积增长率	2	苹果生产价格增长率	1
农业机械总动力增长率	1	柑橘出口量增长率	2
柑橘进口量增长率	1	通货膨胀率	3

注："1"表示先行指标，"2"表示同步指标，"3"表示滞后指标

5.3.4　利用峰谷对应法确定先行、同步、滞后指标

时差相关分析法和系统聚类分析法可以用来对警兆指标的时滞进行初步分类确定，它们根据自身的优势对警兆指标进行了合理的描述，但缺乏对警兆指标自身循环波动状态的具体描述，为了全面、准确地确定警兆指标的先行、同步、滞后的分类，还应使用峰谷对应法来进行辅助确认。本文先对 16 个警兆指标与柑橘生产价格增长率进行标准化，再将其分别与

标准化后的柑橘生产价格增长率这个基准指标做峰谷对应图得到先行指标包括农业机械总动力增长率、农业生产资料零售价格指数、柑橘单产增长率、柑橘平均每亩生产成本增长率、柑橘进口量增长率、柑橘种植面积增长率、有效灌溉面积增长率、受灾面积增长率；同步指标包括农业支出占财政支出比重、苹果生产者价格增长率、城镇居民人均水果消费量增长率、人口自然增长率；滞后指标包括城镇居民人均可支配收入增长率，农村居民人均纯收入增长率、通货膨胀率、柑橘出口量增长率。以柑橘单产增长率、城镇人均水果消费量增长率、通货膨胀率分别作为先行、同步、滞后指标的代表指标与柑橘生产者价格变动率作峰谷对应图。具体如图 5-3～图 5-5 所示。

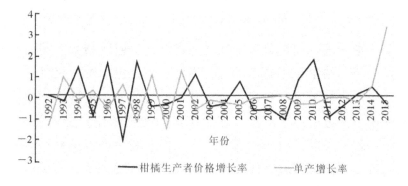

图 5-3　先行指标峰谷对应图

Fig. 5-3　The map of leading index corresponding peak to Valley

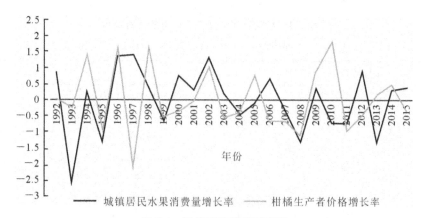

图 5-4　同步指标峰谷对应图

Fig. 5-4　The map of synchronous index corresponding peak to Valley

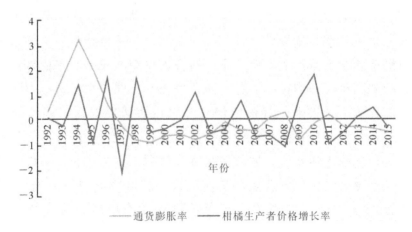

图 5-5　滞后指标峰谷对应图

Fig. 5-5　The map of lagging index corresponding peak to Valley

对警兆指标进行定性分析的基础上将峰谷对应法结合上述时差相关分析和聚类分析的结果最终确定的先行指标 8 个，包括农业机械总动力增长率、农业生产资料零售价格指数、柑橘单产增长率、柑橘平均每亩生产成本增长率、柑橘进口量增长率、有效灌溉面积增长率、受灾面积增长率、柑橘种植面积增长率；同步指标 5 个，包括苹果生产者价格增长率、农业支出占财政支出比重、城镇居民人均水果消费量增长率、柑橘出口量增长率、人口自然增长率；滞后指标 3 个，包括城镇居民人均可支配收入增长率、农村居民人均纯收入增长率、通货膨胀率，见表 5-4。

表 5-4　柑橘产销的先行、同步及滞后指标

Table 5-4　leading，synchronous and lagging indexes of citrus production and sale

指标类型	名称
先行指标	农用机械总动力增长率
	农业生产资料零售价格指数
	柑橘单产增长率
	柑橘平均每亩生产成本增长率
	柑橘进口量增长率
	有效灌溉面积增长率
	受灾面积增长率
	柑橘种植面积增长率

续表

指标类型	名称
	苹果生产者价格增长率
	农业支出占财政支出比重
同步指标	城镇居民人均水果消费量增长率
	柑橘出口量增长率
	人口自然增长率
	城镇居民人均可支配收入增长率
滞后指标	农村居民人均纯收入增长率
	通货膨胀率

5.4　结论与讨论

中国柑橘产销预警指标体系的构建和指标的分类是柑橘预警系统中的重要环节，它可以明确影响中国柑橘产销的警情指标、警源指标和警兆指标及各预警指标的时滞作用，是进行进一步柑橘预警工作的基础，是实现柑橘产销预警系统的关键步骤。本章根据影响柑橘产销的不同因素，通过分析设置了柑橘产销预警指标体系并对警兆指标的时滞进行了合理划分，结论如下：①确定了以柑橘生产者价格增长率作为柑橘产销的警情指标；②从自然警源、外生警源和内生警源三方面分析了柑橘产销警情产生的原因；③根据警情和警源指标设置了柑橘种植面积增长率、农业机械总动力增长率、受灾面积增长率、农业生产资料零售价格指数、城镇居民人均可支配收入增长率、农村居民人均纯收入增长率、城镇居民人均水果消费量增长率、人口自然增长率、柑橘出口量增长率、通货膨胀率、有效灌溉面积增长率、农业支出占财政支出比重、苹果生产者价格增长率、柑橘单产增长率、柑橘平均每亩生产成本增长率、柑橘进口量增长率 16 个警兆指标；④经过时差相关分析、聚类分析和峰谷分析方法的综合判断最终得到影响柑橘价格变动的 8 个先行预警指标、5 个同步指标及 3 个滞后指标。这些指标对中国柑橘的生产和销售有着较好的预测预警和监控作用。我们可以随时监控这些指标的变动，根据这些指标的变动范围来初步判断柑橘产销警情的发生，对可能出现的产销问题进行防范。

此外，在运用柑橘产销预警指标体系的过程中，为了与中国柑橘产业的发展趋势相一致，还需要根据实际情况对预警指标不断进行动态更新和修正。而目前柑橘面临的产销问题也是中国水果类农产品普遍存在的问题，其他类型的水果，如苹果、香蕉等也可以借鉴柑橘产销预警指标体系的构建来建立各自相应的预警指标体系。为果农、合作组织、加工企业、批发商、零售商和消费者提供及时的产销信息和预测预警服务，以促进中国水果产业朝着健康有序地方向发展。

第6章　中国柑橘产销综合预警分析

本章主要是通过警限与警度及预警信号灯系统、景气指数和 BP 神经网络模型来对中国柑橘产销进行综合预警分析，具体流程如图 6-1 所示。

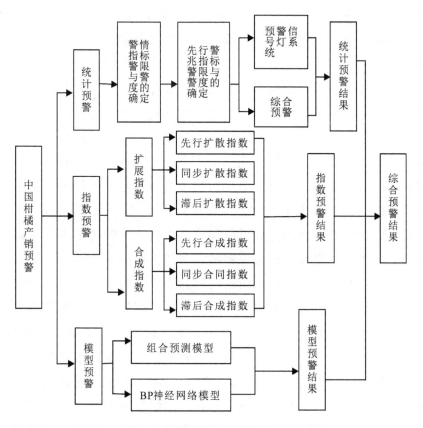

图 6-1　中国柑橘产销预警流程图

Fig. 6-1　The early warning flow chart of citrus production and sale

6.1 柑橘产销预警警限、警度的确定

警限和警度的确定是预警系统构建的关键一环。确定警限就是确定有警或无警的界限，是确定警度的基础。而警度则是根据警限的设定对是否出现警情和警情程度进行的分级度量。

6.1.1 柑橘产销预警警限的确立方法

警限可以分为单值警限和区间警限两类。单值警限分别包括作为警度极大值的上限警限和作为警度极小值的下限警限。而区间警限则较为复杂，警度将分布在区间以外。一般而言，确定警限主要有统计方法和系统方法。

（1）统计方法。主要是将统计分析方法与和定性分析相结合，以柑橘产销正常情况的某种假设为前提条件，来确立警限的方法。一般根据以下7种原则来设定警限：①多数原则，又称为乐观法则，其基本思想是假设柑橘产销在大多数年份下处于健康、正常的无警状态，只有少数年份处于产销失衡的有警状态。该原则需根据对历史数据的分析和实际情况来量化和调整警限，一般以 2/3 或 60% 作为多数的标准。②半数原则或中位数原则，这一原则的基本思想是如果柑橘产销预警指标的样本数据所属的时间是奇数，用半数原则和中位数原则确定的预警指标警限是一致的，如果柑橘产销预警指标的样本数据所属的时间是偶数，则两种方法确定的警限结果不一致。其中半数原则是取处于正中位置的两年当中一年的数据作为警限，中位数原则是取正中位置的两年算术平均数作为警限。③均数原则，该方法是假设平均水平是柑橘产销的正常水平，依据样本数据区间的平均水平作为警限，该方法一般只能确定单值警限，不能设置区间警限。④少数原则，又称为悲观法则，实质上是在一定的条件下，结合使用半数原则和均数原则来设置警限。其基本思想是假设只有少数个别年份处于产销平衡、正常的无警状态，大多数年份都是处于产销不平衡的有警状态。该原则是主要依据样本区内最为正常的少数产销年度作为确定警限的方法。首

先以中位数为限将正常年份的预警指标的异常值剔出，再分为较高值和较低值两组。对于单值警限只需求出较高组或较低组的均值作为警限值；对于区间警限，要分别求出较低组和较高组的平均数作为预警区间的上下限。⑤众数原则，众数原则是假设一定时期内柑橘产销均衡的平均水平为正常水平，作为无警的警限。⑥人口原则。主要用来衡量警情指标中产销平衡状况的指标，即为实现产销基本平衡，如：柑橘增产速度不能低于人口的自然增长速度。⑦负数原则。假设柑橘预警指标出现正增长是正常的无警年份，则所有柑橘预警指标出现负增长的年份都是有警年份，即以 0 作为有警和无警划分的界限。

　　以上 7 种方法都是以一定的假设为前提，并且随着选择的样本时间和具体操作方法的不同而变化，而采用一种统计方法来确定警限的具有一定的主观随意性，因此实际中需要将几种方法相互配合，并参考系统方法的结果和其他因素来具体确定预警指标的警限。

　　（2）系统方法。是把柑橘产销平衡与国民经济相关部门的发展情况结合起来考虑的一种确定预警警限的方法。

　　柑橘价格与国内整体物价水平是有一定相关性的。作为市场经济的两个要素，商品价格是商品价值的体现，是联系供求的纽带，价格与供求相互影响相互制约。当市场上某种商品供不应求时，价格就会上涨；当某种商品供过于求时，价格就会下跌，市场此时处于非均衡状态。当价格上涨时，将会有效促进生产，增加供给抑制需求；当价格下跌时，将会刺激需求而抑制生产，最终价格回到正常区间，供求达到新的平衡。如果一种商品的市场价格长期低于或高于均衡点，或者经常出现偏离均衡点的大幅波动，都可以认为该商品出现了产销警情。而在预警指标警限的确定中，最重要的是无警和有警的分界线。根据经济学中的市场均衡理论，要想确定柑橘生产者价格波动预警的无警警限首先需要找到柑橘市场的均衡价格，但这在实践操作中很难实现，考虑到柑橘价格与一般物价水平有较强的关系，因此在本章中拟采用物价原则来确定警情指标的警限。鉴于温和的通货膨胀是经济增长的润滑油，各国普遍采用轻微的通货膨胀手段来刺激经济增长，因此可以将柑橘生产者价格波动同消费者物价指数相比较，如果两者波动一致则属于正常的无警状态，如果前者与后者的波动不一致或偏离幅度过大则说明出现了产销警情。这种以消费者价格指数为基础来确定警限的原则就是物价原则，属于系统方法的一种。

除统计方法和系统方法外，本章还将探索性地使用风险价值法（VaR）来设置预警指标警限。风险价值法是在 20 世纪 90 年代出现的一种度量金融风险的方法，其原始含义是在正常的市场条件和给定的置信度下，对某一种金融资产或几种资产的投资组合在其持有期间所面临的市场风险程度和最大期望损失的定量度量。风险价值法具有简单明了测定市场风险大小、可以进行事前风险计算和评估及计算组合风险等特点，使得其被普遍认同和广泛接受，不仅用于金融投资领域，还逐渐扩展到其他领域中对风险的评估和预警。风险价值的具体含义是：设 X 是描述金融资产或组合投资损失的随机变量，其概率分布函数是 $F(X)$，置信水平为 A，则 VaR 为：

$$\text{VaR}(\alpha) = -\min\{x \mid F(X) \geqslant A\} \qquad (6\text{-}1)$$

即：$P(\Delta X > \text{VaR}) = 1 - A$

式中：ΔX 为单一资产或组合投资在持有期内产生的损失，VaR 为置信水平 α 时的风险价值。假定柑橘价格波动概率分布函数为 $F(X)$，X 为价格波动值，VaR 为在正常产销状态和一定置信水平下，柑橘市场价格可能偏离其预期价格的最大幅度，这一幅度可以用度量柑橘产销中的涨价风险和降价风险。通过计算 VaR 值，可以实现对柑橘产销警情指标—柑橘市场价格的有效风险度量。此外，根据具体的柑橘市场价格 VaR 值，设定其价格波动的安全区间，当柑橘价格波动处于安全区间内则认为价格波动正常或低风险，一旦价格波动超出安全区域则表示价格波动出现了高风险。由此可见，利用 VaR 值可以构建价格风险预警的单值指标警限。

6.1.2 柑橘产销预警警度的确立方法

警度是对预警结果危害程度的具体描述，一般可以根据损害程度不同把警度分为无警警度、轻警警度、中警警度、重警警度和巨警警度 5 个不同等级。在实际预警中为了直观描述警度，常采用蓝灯、白灯、绿灯、黄灯、红灯 5 种类似交通信号灯的标志来表示不同等级的警度，反映不同程度的警情。由于不同的方法确定的柑橘产销预警警限不尽相同，因此需要根据各种方法确定的结果进行综合调整来设置警限，再据此确定预警的警度。

6.1.3 柑橘产销警情指标警限与警度的确定

根据上述警限确定的原则和方法，结合柑橘产销警情指标为柑橘生产者价格增长率的实际情况及数据资料的可获得性，本章拟选择统计方法和系统方法中的物价原则来综合确定柑橘产销警情指标的年度警限；选择风险价值法确定柑橘产销警情指标的月度警限。

（1）年度警限与警度。由于柑橘价格波动包括涨价风险和降价风险两种，所以警情指标有警区域为双侧有警，本章拟将警限区间和警度等级分为以下几种：①负向重警警限对应负向重警警度；②负向轻警警限对应负向轻警警度；③无警警限对应无警警度；④正向轻警警限对应正向轻警警度；⑤正向重警警限对应正向重警警度。

根据多数原则，把中国柑橘产销预警警情指标——柑橘生产者价格增长率经过 CPI 调整后的负增长率和正增长率分别按照由小到大的顺序进行排序，从最小值开始选择占总数 2/3 的区间作为无警区间，剩余 1/3 的区间划分为有警区间。因此，根据多数原则构建的警限区间为：负向重警（$-\infty$，-40%），负向轻警（-40%，-16.06%），无警（-12.91%，38.51%），正向轻警（38.51%，60%），正向重警（60%，∞）。

根据半数原则将柑橘生产者价格增长率首先按照正增长率和负增长率划分，分别以各自中位数作为安全警限，对应的警限区间分别为：负向重警（$-\infty$，-40%），负向轻警（-40%，-12.91%），无警（-12.91%，38.51%），正向轻警（38.51%，60%），正向重警（60%，∞）。

根据少数原则将柑橘生产者价格增长率波动较为平缓的 1999—2001 年作为产销平衡的黄金年份，以价格波动率中位数为界分为高值组和低值组，这两组价格波动率的平均值为 7.98% 和 -6.88%，对应的警限区间分别为：负向重警（$-\infty$，-30%），负向轻警（-30%，-6.88%），无警（-6.88%，7.98%），正向轻警（7.98%，50%），正向重警（50%，∞）。

根据物价原则，利用 1992—2015 年年度鲜果消费价格指数扣减 100

后的平均值（中位数）1.8%作为基准点，以标准差 7.77%来确定柑橘产销警情出现的临界点，由于价格上涨和价格下跌不对称，因此对于价格上涨以偏离基准点一个标准差以内为无警警限，上涨（下跌）以超出一个标准差但在三标准差以内为轻警区间，超出三个标准差为重警区间。对应的警限区间分别为：负向重警（−∞，−21.50%），负向轻警（−21.5%，−6.0%），无警（−6.0%，9.60%），正向轻警（9.60%，25.1%），正向重警（25.1%，∞）。

　　上述各种方法都包含了一定的假设前提条件，据此确立的警限区间也存在着明显差异，并且随着时间推移，预警区间还会有动态变动，此外预警区间的宽窄设计失当也会导致过度虚警和漏警现象的出现。鉴于此，结合专家经验加以综合评判得到一个较为科学合理的结果。不同方法和原则下柑橘生产者价格增长率预警的警度、警限、信号灯和产销特征状态详见表 6-1。

表 6-1　柑橘生产者价格增长率的警限和警度　　　单位：（%）

Table 6-1　The warning limit and degree of citrus producer price growth rate Unit：（%）

		警度	负向重警	负向轻警	无警	正向轻警	正向重警
		信号灯	白灯	蓝灯	绿灯	黄灯	红灯
		产销特征	柑橘价格快速下跌，产销严重失衡	柑橘价格下跌，产销失衡	柑橘价格稳定，产销平衡	柑橘价上涨，产销失衡	柑橘价格快速上涨，产销严重失衡
警限区间	多数原则		−∞，−40	−40，−16.06	−16.06，45.16	45.16，60	60，∞
	半数原则		−∞，−40	−40，−12.91	−12.91，38.51	38.51，60	60，∞
	少数原则		−∞，−30	−30，−6.88	−6.88，7.98	7.98，50	50，∞
	物价原则		−∞，−21.5	−21.5，−6.0	−6.0，9.6	9.6，25.1	25.1，∞
	综合原则		−∞，−30	−30，−10	−10，10	10，50	50，∞

　　根据 1992—2015 年的柑橘生产者价格增长率综合原则确定的警限建立预警信号灯标志，其中无警年份为 8 年，负向轻警年份为 5 年，正向轻警年份为 6 年，负向重警年份为 1 年，正向重警年份为 4 年，具体预警结果见表 6-2。

表 6-2 柑橘生产者价格增长率的预警信号灯

Table 6-2 The early warning signal lamp of citrus producer price growth rate

年份	1992	1993	1994	1995	1996	1997	1998	1999	2000	2001	2002	2003
预警信号灯	△	○	▲	□	▲	■	▲	○	○	○	△	○
年份	2004	2005	2006	2007	2008	2009	2010	2011	2012	2013	2014	2015
预警信号灯	○	△	□	□	□	△	▲	□	○	△	△	○

注：■白灯；□蓝灯；○绿灯；△黄灯；▲红灯

（2）月度警限。由于风险价值法需要数据量大，而年度数据无法满足风险概率分布的拟合，故而以 2003—2016 年的《中国农产品价格调查年鉴》、中国经济与社会发展统计数据库为来源选取 2002—2015 年橙子月度集贸市场价格数据为代表，来确定柑橘产销警情指标的月度警限和警度。

首先，以 2002 年为基期计算各月的定基 CPI 指数，再利用各月 CPI 指数对橙子的月度农贸市场价格进行修正，以剔除货币因素对价格的影响；其次，利用环比统计方法，分别计算修正后橙子月度集贸市场价格环比增长率，形成时间序列数据；最后，在进行时间序列分析前，为避免伪回归的出现，利用 ADF 检验对修正后月度集贸市场价格环比增长率进行平稳性检验。结果表明：橙子月度集贸市场价格环比增长率均在 1% 的显著性水平下拒绝了存在单位根的原假设，是平稳的时间序列，可以据此进行下一步的实证分析。

运用@Risk7.5 数理分析软件，根据 AIC 最小准则对橙价格波动风险的最优概率分布模型进行选择，其最优概率分布及参数估计值见表 6-3。由检验结果可知，橙的价格波动风险的概率分布服从 Triang 分布。

表 6-3 橙子价格波动风险的最优概率分布及参数值

Table 6-3 The optimal probability distribution and parameters value of orange price risk

品种	最优概率分布	参数估计值
橙子	Triang 分布	min$=-8.5974$，$M \approx 0.6523$，max$=8.1634$

利用拟合的橙子价格波动风险最优概率分布和估计参数值，运用@Risk7.5软件计算出其价格波动风险在95％、85％、75％、25％和5％置信水平下的具体风险值（见表6-4），以更好地度量和比较价格风险并据此构建预警区间。

表6-4　橙子价格波动风险值

Table 6-4　The VaR of orange price fluctuation

置信水平	橙子
95％	5.654
85％	3.818
75％	2.553
25％	−2.372
15％	−3.775
5％	−5.813

　　如前述研究思路和方法中所述，将橙子价格波动警限区间和警度等级分为7种，结合不同置信水平下各品种价格风险的VaR值将其一一对应。①负向重警警限对应5％置信水平下的VaR值；②负向中警警限对应15％置信水平下的VaR值；③负向轻警警限对应25％置信水平下的VaR值；④无警警限对应25％、75％置信水平下的VaR值；⑤正向轻警警限对应75％置信水平下的VaR值；⑥正向中警警限对应85％置信水平下的VaR值；⑦正向重警警限对应95％置信水平下的VaR值。根据上述各置信水平下的风险价值（VaR）的计算可以得出，在正常的市场条件下橙市场价格波动安全区间分别为（−2.4％，2.6％）。即当橙子市场价格月度环比波动率数值处于相对安全区间之外时，就可以认为出现了价格风险（其他各等级有警区间具体警限和警度见表6-5）。由此可见，利用VaR法所计算出的市场风险值（安全区间上下限值）完全可以构成价格风险预警警限，为科学开展市场风险预警提供了量化依据。

表 6-5　橙子月度集贸市场价格波动率的警限和警度

Table 6-5　The warning limit and degree of orange market price

警度	信号灯	产销特征	警限区间
负向重警	白灯	价格下跌过快，市场过冷	$(-\infty, -5.8)$
负向中警	紫灯	价格下跌很快，市场较冷	$(-5.8, -3.8)$
负向轻警	蓝灯	价格下跌较快，市场偏冷	$(-3.8, -2.4)$
无警	绿灯	价格稳定，市场均衡	$(-2.4, 2.6)$
正向轻警	黄灯	价格上涨较快，市场偏热	$(2.6, 3.8)$
正向中警	橙灯	价格上涨很快，市场较热	$(3.8, 5.7)$
正向重警	红灯	价格上涨过快，市场过热	$(5.7, +\infty)$

6.1.4　柑橘产销警兆指标警限与警度的确定

由于警兆是警源引发警情过程中的先兆，警兆指标与警情指标之间一般应存在高度相关关系，即当大部分先行警兆指标的警度显示无警时，警情指标的警度也应为无警；反之，当大部分先行警兆指标的警度显示为有警时，警情指标的警度也应为有警。鉴于前文已经根据系统方法和统计方法相结合确定了柑橘产销警情指标的警限和警度，所以可以采用警情反馈警兆的方式来确定先行警兆指标的警限和警度（顾海兵，1992）。

首先令先行警兆指标为 X，警情指标为 Y。当 X 与 Y 量纲相同时，如果 X 与 Y 同向变动，则先将 X 与 Y 首先对应分为正值和负值两个区间；再在正（负）值区间里将 X 的平均值除以 Y 的平均值得到两者的平均比例关系 $p_1(p_2)$；最后用 $p_1(p_2)$ 乘以 Y 的正（负）值区间的相应警限，便可得到 X 的对应警限。如果 X 与 Y 反向变动，则先对 Y 的警限值进行反向调整处理为 Y^*，使 X 与 Y^* 成同向变动关系，再将 X 与 Y 的级差相除，得到表示 X 与 Y 之间的比例关系的比值 p，用 p 乘以 Y^* 的警限，便可得到 X 的对应警限。当 X 与 Y 量纲不同时，可以采用射线原则确定 X 的警限。设 $RX(i)$，$LY(i)$ 分别表示 X 与 Y 的各警限分界点，其中：$i=1$，2，3，4。x_{max}、x_{min} 和 y_{max}、y_{min} 分别表示 X 与 Y 的最大值与最小值，那么 X 与 Y 的各警限区间可按射线原则确定如下：

$$\frac{y_{max} - RX(i)}{y_{max} - LY(i)} = \frac{x_{max} - x_{min}}{y_{max} - y_{min}} \tag{6-2}$$

利用上述两种方式确定柑橘产销先行警兆指标的警限和警度，结果见表 6-6。

表 6-6　柑橘产销先行警兆指标的警限

Table 6-6　The leading index warning limit of citrus production and sale

先行警兆指标	负向重警	负向轻警	无警	正向轻警	正向重警
柑橘种植面积增长率	$-\infty$，-4.4	-4.4，-0.9	-0.9，0.9	0.9，2.6	2.6，∞
柑橘单产增长率	$-\infty$，-17.6	-17.6，-3.5	-3.5，3.5	3.5，10.6	10.6，∞
柑橘有效灌溉面积增长率	$-\infty$，-1.6	-1.6，-0.3	-0.3，0.3	0.3，1.0	1.0，∞
柑橘平均每亩生产成本增长率	∞，-21.4	-21.4，-7.1	-7.1，7.9	7.9，39.8	39.8，∞
受灾面积增长率	$-\infty$，-20.1	-20.1，-4.0	-4.0，4.0	4.0，12.0	12.0，∞
农业机械总动力增长率	$-\infty$，-6.9	-6.9，-3.6	-3.6，0.5	0.5，6.4	6.4，∞
柑橘进口量增长率	$-\infty$，-117.5	-117.5，-23.5	-23.5，23.5	23.5，70.5	70.5，∞
农业生产资料零售价格指数	$-\infty$，-12.9	-12.9，-2.6	-2.6，2.6	2.6，7.7	7.7，∞

在确定了先行警兆指标的警限区间后，还必须对其预警结果的有效性进行检验。将警情（警兆）指标的实际值按照其警限划分对应的警度并比较两者结果，把预警结果完全一致、基本一致的年份作为预警有效年份，如果预警有效年份占全部预警年份的 60％ 及以上，则可认为先行警兆指标通过了有效性检验，其预警是有效的。这里以柑橘进口量增长率为例进行预警的有效性检验，"T" 表示预警结果完全一致；"TF" 表示预警结果方向一致，但有较小误差，即预警结果基本一致；"F" 表示预警结果方向相反且有较大误差；"FF" 表示预警结果方向相反且有很大误差；其中

"T"和"TF"表示预警的有效年份（见表 6-7）。在 24 个检验年度里，有 17 个年度为预警有效年份，占预警总年份数的 73.91%，由此可知该先行警兆指标通过了有效性检验，其预警结果是比较准确的。利用上述方法检验其余 7 个先行警兆指标的预警有效性，其中通过检验的先行警兆指标为柑橘单产增长率（先行 3 年）、柑橘平均每亩生产成本增长率（先行 2 年）、农业机械总动力增长率（先行 2 年）、柑橘进口量增长率（先行 1 年）、农业生产资料零售价格指数（先行 2 年），结果见表 6-8。

表 6-7 柑橘进口量增长率预警有效性检验

Table 6-7 The warning effective test of citrus import growth rate

年份	警情指标（柑橘生产者价格波动率）		警兆指标（柑橘进口量增长率）		预警误差 | DX $(t-1)$ −DY (t) |	优良度
	实际值	警度	实际值	警度		
1992	10.93	1				
1993	1.67	0	58.18	1		
1994	55.83	2	16.35	0	0	T
1995	−21.93	−1	151.85	2	2	F
1996	63.74	2	123.88	2	0	T
1997	−61.10	−2	92.01	2	4	FF
1998	64.04	2	−40.06	−1	0	T
1999	−8.19	0	259.49	2	1	TF
2000	−2.56	0	82.65	2	2	F
2001	8.74	0	20.03	0	0	T
2002	43.99	1	12.32	0	1	TF
2003	−8.87	0	35.04	1	0	T
2004	−3.05	0	−9.29	0	1	TF
2005	33.86	1	18.49	0	1	TF
2006	−13.16	−1	21.12	0	1	TF
2007	−12.03	−1	5.64	0	1	TF
2008	−26.84	−1	4.38	0	2	F
2009	37.54	1	26.16	1	1	TF
2010	69.77	2	23.69	1	1	TF

续表

年份	警情指标 （柑橘生产者价格波动率）		警兆指标 （柑橘进口量增长率）		预警误差 | DX $(t-1)$ $-$DY (t) |	优良度
	实际值	警度	实际值	警度		
2011	-22.77	-1	10.75	0	2	F
2012	-7.39	0	-17.98	0	0	T
2013	14.42	1	1.95	0	0	T
2014	24.51	1	25.82	1	1	TF
2015	-1.25	0	32.77	1	1	TF

表 6-8 柑橘产销先行警兆指标预警有效性检验结果

Table 6-8 The warning effective test of leading index of citrus production and sale

指标	柑橘种植面积增长率（-3）	柑橘单产增长率（-3）	有效灌溉面积增长率（-3）	柑橘平均每亩生产成本增长率（-2）	受灾面积增长率（-3）	农业机械总动力增长率（-2）	柑橘进口量增长率（-1）	农业生产资料零售价格指数（-2）
检验年数	23	23	23	24	23	24	24	24
有效年数	13	14	10	16	10	16	18	18
有效年数占比（%）	56.52	60.87	43.48	66.67	56.52	66.67	75	75
有效性结果	无效	有效	无效	有效	无效	有效	有效	有效

6.2 柑橘产销景气指数预警

6.2.1 景气指数

（1）扩散指数。是世界各国广泛使用的景气指数之一。它是在测定所研究的经济指标循环波动时得到的一定时点上的扩张经济指标数的加权百分比。扩散指数可以用于反映经济波动过程中经济系统处于扩张还是收缩及其扩张（收缩）的程度，并能代表该阶段经济波动扩散的程度和范围。

柑橘产销波动是通过一系列景气指标的活动来反映柑橘产销整体的波动扩散的程度和范围，编制扩散指数是要对先行指标、同步指标和滞后指标分别编制扩散指数。

（2）合成指数。也是世界各国广泛使用的景气指数之一。它是先计算单个预警指标的变化率；然后分别计算先行指标、同步指标和滞后指标的对称变化率的合成；最后求出初始合成指数并进行相应的趋势调整成最终的合成指数。合成指数与扩散指数一样也是选择敏感指标利用变化率的形式来分析景气变动的情况。此外，合成指数不仅能如扩散指数一样有效预测景气的转折点，还能在一定程度上反映波动变化的强弱。

6.2.2 景气指数的计算方法

（1）扩散指数的计算。用 DI_t 表示扩散指数，即 t 时点上的扩张经济指标数的百分比，具体计算公式为：

$$DI_t = \sum_{i=1}^{N} W_i I(X_t^i \geqslant X_{t-j}^i) \times 100\% \tag{6-3}$$

式中，N 表示景气指标个数，W_i 为对第 i 个景气指标赋予的权重，X_t^i 为第 i 个景气指标在 t 时点的指标值，I 是示性函数，可以表示为：

$$I = \begin{cases} 1 & X_t^i > X_{t-j}^i \\ 0.5 & X_t^i = X_{t-j}^i \\ 0 & X_t^i < X_{t-j}^i \end{cases} \tag{6-4}$$

当扩散指数值大于 50% 时，说明有处于上升的预警指标数比处于下降期的预警指标数多，预示经济进入上升区间；反之，当扩散指数值小于 50% 时，说明处于下降期的预警指标数比处于上升期的预警指标数多，预示经济进入下降区间；当扩散指数等于 50% 时，说明处于上升期和下降期的预警指标数相当，表示此时经济较前期相对稳定不变，意味着该时点是经济景气由上升（下降）转为下降（上升）的转折点。

（2）合成指数的计算。首先求出标准化对称变化率 $S_{ij}(t)$，设指标 $Y_{ij}(t)$ 为第 j 类预警指标中的第 i 个指标，$j=1$，2，3 分别代表先行指标、同步指标、滞后指标，$i=1$，2，$\cdots$，表示每类预警指标中的指标序号，k_j 是第 j 类指标包含的指标数。

则对称变化率 C_{ij} (t) 为：

$$C_{ij}(t) = \frac{Y_{ij}(t) - Y_{ij}(t-1)}{Y_{ij}(t) + Y_{ij}(t-1)} \times 200, t = 2, 3, 4, \cdots, n \qquad (6\text{-}5)$$

当 Y_{ij} (t) 有零值或负值时，或者指标为比率形式时：

$$C_{ij}(t) = Y_{ij}(t) - Y_{ij}(t-1), t = 2, 3, 4, \cdots, n \qquad (6\text{-}6)$$

对每类指标序列计算一阶差分相对变化率即为对称变化率，这样处理的目的是为了消除指标序列变动的趋势，使得波峰和波谷及峰、谷之间的差异更为明显，便于后续的分析和研究。

标准化对称变化率为：

$$S_{ij}(t) = \frac{C_{ij}(t)}{A_{ij}}, A_{ij} = \sum_{t=2}^{n} |C_{ij}(t)| / (n-1), t = 2, 3, 4, \cdots, n \quad (6\text{-}7)$$

这样做可使先行、同步、滞后各指标序列内指标具有可比性。否则指标数值大的序列在组中的作用会强化，从而弱化了指标值小的序列起到的作用。

其次，计算指标的组内、组间平均变化率 V_j (t)，使得先行合成指数、同步合成指数与滞后合成指数能在同一标准下进行对比；

$$R_j(t) = \frac{\sum_{i=1}^{k_j} S_{ij}(t) \cdot \omega_{ij}}{\sum_{i=1}^{k_j} \omega_{ij}}, F_j = \frac{\sum_{t=2}^{n} |R_j(t)| / (n-1)}{\sum_{t=2}^{n} |R_2(t)| / (n-1)},$$

$$V_j(t) = R_j(t) / F_j, t = 2, 3, 4, \cdots, n; j = 1, 2, 3 \qquad (6\text{-}8)$$

显然，同步指标组的 $F_2 = 1$，V_2 (t) $= R_2$ (t)

再次，求初始合成指数 I_j (t)

$$I_j(t) = I_j(t-1) \times \frac{200 + V_j(t)}{200 - V_j(t)},$$

$$I_j(1) = 100, t = 2, 3, 4, \cdots, n; j = 1, 2, 3 \qquad (6\text{-}9)$$

然后对初始合成指数 I_j (t) 进行趋势调整，趋势调整是为了将先行合成指数、同步合成指数、滞后合成指数与基准序列的趋势调整成一致，从而将其整合为一个系统为后续周期性变动的测定提供便利。

使用复利公式分别计算每个同步指标序列的增长率：

$$T_i = [(C_L / C_l)^{\frac{1}{d}} - 1] \times 100\% \qquad (6\text{-}10)$$

再计算所有同步指标的平均增长率，作为目标趋势值，即为：$T =$

$\dfrac{1}{p_2}\displaystyle\sum_{i=1}^{p_2} T_i$，其中 p_2 为同步指标的个数。

采用复利公式对于先行、同步、滞后指标组的初始合成指数 $I_j(t)$ $(j=1,2,3)$ 分别测算增长率。其中，C_L 和 C_l 分别为同步指标组第 i 个指标原始值的初始循环和最后循环的平均值，m 是初始循环中心到最后循环中心的时间长度，然后据此求出同步指标组的平均增长率：

$$G_j = \left[(C_{Lj}/C_{lj})^{\frac{1}{m_j}} - 1 \right] \times 100\% \qquad (6\text{-}11)$$

式中，C_{Lj} 和 C_{lj} 是先行初始合成指数、同步初始合成指数、滞后初始合成指数初始循环和最后循环的平均值，m_j 是初始循环中心到最后循环中心的时间长度，然后分别对先行、同步、滞后指标的组内、组间平均变化率 $V_j(t)$ 做趋势调整：

$$V_j{}'(t) = V_j(t) + (T - G_j), t = 2,3,4,\cdots,n; j = 1,2,3 \qquad (6\text{-}12)$$

计算以基准年份为 100 的合成指数：

$$I_j{}'(t) = I_j{}'(t-1) \times \frac{200 + V_j{}'(t)}{200 - V_j{}'(t)},$$

$$I_j{}'(1) = 100, t = 2,3,4\cdots,n; j = 1,2,3 \qquad (6\text{-}13)$$

$$CI_j(t) = \frac{I_j{}'(t)}{\overline{I_j{}'(1)}} \times 100, \overline{I_j{}'(1)} \text{ 是 } I_j{}'(t) \text{ 在基准年份的平均值}$$

$$(6\text{-}14)$$

（3）权重确定。无论是编制扩散指数还是合成指数的过程中，都涉及了权重的确定。赋权的方法和权数的大小对预警结果有着直接影响。常见的有主观赋权和客观赋权两种方式。在柑橘产销景气指数的编制中我们为避免人为因素的干扰主要采用客观赋权法。客观赋权法一般包括因子分析法、均方差法、熵权法等。其中熵权法具有计算结果准确、自适应性强、操作简便等优势，故选择其作为权重确定的主要方式。

熵权法主要是利用信息熵值的大小来计算出各指标相应的权重，为多指标综合评价提供依据。其主要原理是：如果某指标的方差小则信息熵值小，说明该指标在综合评价中所起的作用较大，应赋予较大的权重；如果某指标的方差大则信息熵值大，说明该指标在综合评价中所起的作用较小，应赋予较小的权重。

熵权法的计算步骤如下：

设有 n 个样本观测值，p 个指标（$i=1$，2，…，n；$j=1$，2，…，p），X_{ij} 为第 j 个指标的第 i 个样本观测值。

首先，对数据进行非负处理；

$$X_{ij}' = \frac{X_{ij} - \min(X_{1j}, X_{2j}, \cdots, X_{nj})}{\max(X_{1j}, X_{2j}, \cdots, X_{nj}) - \min(X_{1j}, X_{2j}, \cdots, X_{nj})} + 1$$
$$(i = 1, 2, \cdots, n; j = 1, 2, \cdots, p) \qquad (6\text{-}15)$$

计算在第 j 个指标中第 i 个样本观测所占的比重：

$$P_{ij} = X_{ij}' \Big/ \sum_{i=1}^{n} X_{ij}' (i = 1, 2, \cdots, n; j = 1, 2, \cdots, p) \qquad (6\text{-}16)$$

其次，计算第 j 个指标的信息熵；

$$E_j = (-1/n) \sum_{i=1}^{n} P_{ij} \times \ln P_{ij} \qquad (6\text{-}17)$$

最后，计算第 j 个指标的熵权数。

$$W_j = (1 - E_j) \Big/ \sum_{j=1}^{p} (1 - E_j) \qquad (6\text{-}18)$$

6.2.3　中国柑橘产销景气指数的编制

（1）数据来源及景气指标选择。选取 1992—2015 年的数据，来源于《中国统计年鉴（1993—2016）》《中国农业统计年鉴（1993—2016）》《全国农产品成本收益资料汇编（1993—2016）》、国际粮农组织（FAOSTAT）、联合国商品贸易统计数据库（UN comtrade Statistics）及中华人民共和国国家统计局数据库。从已建立的柑橘产销预警指标体系的警情指标中选择柑橘生产者价格增长率作为扩散指数序列对比的产销用警警情指标，用前述柑橘产销预警警兆指标体系按照时差分析法、聚类分析法和峰谷对应法共同筛选的先行、同步、滞后指标分别编制先行、同步、滞后扩散指数。

（2）柑橘产销扩散指数的编制。表 5-4 中的 5 个同步指标即人口自然增长率、农业支出占财政支出比重、柑橘出口量增长率、城镇居民人均水果消费量增长率、苹果生产者价格均为正指标。首先对指标进行非负处理；然后利用熵权法确定各指标权重，其中为增长率形式的指标，示性函数的取值只需与零进行比较即可得出；最后利用扩散指数的计算公式确定同步扩散指数。将计算得到的同步扩散指数序列与相应年份的柑橘生产者价格增长率这一警情指标进行对比，如图 6-2 所示。

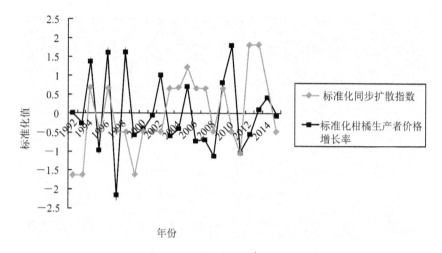

图 6-2 同步扩散指数与柑橘生产者价格指数对比图

Fig. 6-2 The contrast of synchronous DI with Citrus production price index

根据图 6-2 中可以看出，柑橘生产者价格指数与同步扩散指数的波动周期、周期长度、波动幅度基本一致，没有明显的先行或滞后。但柑橘生产者价格指数在 2000 年以前波动幅度较大，且波动频繁，2000 年以后波幅逐渐缩小，说明中国的柑橘生产者价格变动随时间已经趋向稳定。2000 年之前同步扩散指数大致经历了 2 个波动周期，平均一个波动周期的时长约 4 年。2002 年后同步扩散指数也是大致经历了 3 个波动周期，平均一个波动周期的时长约 4 年。根据同步扩散指数的变动趋势预测中国的柑橘生产者价格将在 2007 年进入下行、收缩区间，2008 年先探底后逐步进入景气区间，到 2009 年左右达到峰值。事实表明由于 2008 年的冻害和"大食蝇"事件给橘农和消费者带来的负面影响，导致 2008—2009 年上半年柑橘价格一直下降，2009 年下半年柑橘销售价格才开始逐步回升，整体产量还是较 2008 年有所增长，这与同步扩散指数的走势相一致。

再根据相同的方法计算先行、滞后扩散指数，将先行、滞后扩散指数序列与同步扩散指数序列绘制在如图 6-3 所示上，将其波动状态进行对比。

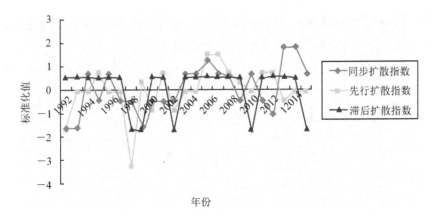

图 6-3　先行、同步、滞后扩散指数对比

Fig. 6-3　The contrast of synchronous with leading and lagging DI

根据图 6-3 中可以看出先行扩散指数序列与同步扩散指数序列波动相似，但前期波幅较大，2007 年后波幅逐步减小。一方面说明选取的先行指标具有较强的敏感性，较为准确地预测了柑橘生产者价格增长率的波动情况，具有稳定的先行预警性；另一方面也反映中国柑橘生产和销售过程缺乏有效指导，有较强的盲目性。这就更需要我们适时建立监测预警系统为柑橘产销服务。滞后扩散指数与同步扩散指数相比，波动的周期长度与波动的幅度基本一致，这就充分说明了同步扩散指数的可靠性。

根据图 6-3 确定先行扩散指数序列、同步扩散指数序列和滞后扩散指数序列对应的峰谷时间，在表 6-9 中列出。

表 6-9　先行、同步、滞后扩散指数的峰谷时间对比表

Table 6-9　The DI of peak and valley time corresponding table

序号	峰（年份）			谷（年份）		
	先行	同步	滞后	先行	同步	滞后
1	1995	1996	1997	1994	1995	1998
2	1999	2000	2001	1998	1999	1999
3	2001	2002	2003	2000	2001	2002
4	2005	2005	2008	2004	2008	2010
5	2006	2009	2010	2009	2012	—
6	2010	2012	—	2013	—	—

根据表 6-9 的峰谷时间对应可以判断出，先行扩散指数比同步扩散指数先行 1～3 年，滞后扩散指数比同步扩散指数延迟 1～3 年。

（3）柑橘产销合成指数的编制。首先采取与扩散指数编制相同的方法对先行、同步、滞后指标中的逆指标进行倒数转化，将指标体系中的指标类型划为一致；其次利用熵权法确定各指标权重；最后利用上述合成指数的计算公式确定三类合成指数，为了便于将计算得到的先行、同步、滞后合成指数序列进行对比，故而将其绘制成如图 6-4 所示的图，并将三类合成指数序列对应的峰谷时间在表 6-10 中列出。

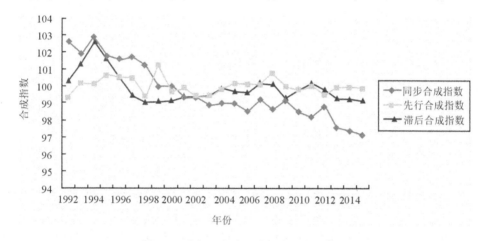

图 6-4 先行、同步、滞后合成指数对比

Fig. 6-4 The contrast of synchronous with leading and lagging CI

据图 6-4 中可以看出，先行合成指数序列、同步合成指数序列及滞后合成指数序列的变动趋势基本相同，其波动大致分为三个阶段：第一阶段，1992—2000 年，三种合成指数序列波幅较大，这说明柑橘生产者价格在这一时期波动较为频繁、剧烈；第二阶段，2001—2005 年，三种合成指数序列波动较为平缓，说明这一时期柑橘生产者价格变动趋稳；第三阶段，2006—2015 年，三种合成指数序列波动幅度再次变大，且波动呈现明显周期性。这说明柑橘生产者价格波动在这一阶段出现了频繁大幅波动的特征。其中同步合成指数显示出 8 个完整的波动周期，平均约每 3 年经历一个周期循环。通过其波动序列可见中国的柑橘生产者价格在 2007 年达到峰值并随后进入下行、收缩空间，2008 年先探底后逐步进入景气空间，到 2009 年左右再次达到峰值。由于 2008 年的冻害和"大食蝇"事件给橘农和消费者带来的负面影响，导致 2008 年柑橘价格降至谷底，2009 年柑橘销售价格开始逐步企稳回升，这与同步合成指数的走势相一致。

表 6-10　先行、同步、滞后合成指数的峰谷时间

Table 6-10　The CI of peak and valley time corresponding table

序号	峰（年份）			谷（年份）		
	先行	同步	滞后	先行	同步	滞后
1	1993	1994	1994	1994	1996	1998
2	1995	1997	1999	1998	1999	2002
3	1999	2000	2001	2000	2003	2006
4	2001	2002	2004	2003	2006	2009
5	2005	2007	2007	2007	2008	2013
6	2008	2009	2011	2010	2011	—
7	2011	2012	—	2012	—	—
8	2014	—	—	—	—	—

由表 6-10 看出，先行合成指数与同步合成指数相比，先行期在 1～3 年，滞后合成指数与同步合成指数相比，延迟期为 1～3 年。

通过对先行合成指数序列走势的观察和其先行期的综合判断，可以预测柑橘生产者价格可能会在 2014—2015 年期间达到波谷，随后稳步上升至 2016—2017 年达到波峰，完成下一个周期的波动。并且这种增长将较前几年趋缓，因此未来 2～3 年内，中国的柑橘生产者价格将不会有大幅度的上下波动。

（4）结论。结合扩散指数与合成指数序列图 6-2、图 6-3、图 6-4 中可以看出：两类同步指数都较好地拟合了柑橘生产者价格增长率这一柑橘产销警情指标的实际变动情况；两类先行指数都能起到有稳定的超前预警作用；两类滞后指数也能够确认柑橘产销峰、谷点的出现时间。其中，两类先行指数与同步指数的时间间隔平均为 2 年；两类滞后指数与同步指数之间时间间隔平均约为 2 年，使得中国柑橘产销循环周期平均而言在 4 年左

右。先行扩散指数与同步扩散指数的时滞关系表明在中国柑橘产销中，先行指标的影响存续时间短，由于柑橘生产投入要素、收入、出口等一系列先行指标要素的短期性影响导致中国柑橘产销循环波动周期较短。同时滞后指标的时滞期也说明，中国柑橘产销还存在着一定的波动性。通过表6-10和表6-11中景气转折点的分析还可以看出，景气峰、景气分割点和景气谷的时间间隔都较短，一般为1年左右。先行、同步、滞后合成指数序列的变动趋势基本一致。定期分析扩散指数与合成指数及其两者之间的对应关系，我们可以有效地测算出中国柑橘产销的波动周期和大致幅度，可以对未来柑橘产、销量走势进行预测，并能通过波动幅度、变化特点找到柑橘生产和销售中可能存在的一些问题，采取针对性改善措施，这些都为柑橘产销预警提供了初步可行的思路和方法。

上述柑橘产销景气指数的编制还存在着一定的缺陷，如有些预警指标的统计口径发生了变动，这就使得我们难以建立较长的、数据质量较高的时间序列；再如一些指标对预警的影响程度发生变动，使得指标的稳定性打折扣。因而如何提高数据质量是编制景气指数时要解决的首要问题。我们必须根据统计指标口径、数据的变动，动态地调整景气指数的编制，使得它对柑橘的产销起到切实有效的预警作用。

6.3　中国柑橘产销 BP 人工神经网络预警

人工神经网络（Artificial Neural Network，ANN）是20世纪80年代人工智能领域逐渐兴起的研究热点，也是管理系统仿真领域中的重要研究方法。1943年，美国心理学家 W. S. Mcculloch 和数学家 W. Pitts 通过共同研究首次提出了神经元模型——MP 模型，标志着人工神经网络研究理论正式诞生。经过了30多年的研究发展，目前神经网络已应用到信息领域、自动控制领域、预测估计、智能机器人、生物领域、医学领域、经济领域、数据挖掘、电力系统、交通、军事、矿业、农业和气象等众多领域，成功解决了这些领域一些难以解决的实际问题。人工神经网络主要具有自学习功能、联想存储信息功能和高速寻找最优解功能，能够有效运用于经济预测预警和市场预测预警等方面。

BP 神经网络是目前应用最为广泛的神经网络模型之一，这种类型的神经网络模型具有的非线性映射能力、记忆联想能力和容错能力能够有效弥补当前中国柑橘产销预警中相关统计数据资料的缺乏，符合柑橘产销影响因素众多而且与产销平衡之间是非线性关系的特征。记忆联想能力是指即使输入 BP 神经网络的信息是有缺失的，网络也能回忆起与之前预存模式相似的部分。容错能力是指如果在 BP 神经网络的输入数据中存在较大的误差或少量错误，也不会影响网络对整体样本数据规律的识别能力；非线性映射能力是指 BP 网络以任意精度逼近任何非线性连续函数，特别适合于复杂问题求解。柑橘产销风险预警的指标较多，若采用其他计量模型，工作量较大，而 BP 人工神经网络则具有快速处理的特点，能够节约预警工作时间，提高预警效率。

6.3.1 BP 人工神经网络的基本构成和工作原理

BP 神经网络由 BP 神经元、前向结构及架构参数和 BP 算法三个基本部分组成：

（1）BP 神经元。BP 神经网络是由大量 BP 神经元广泛连接而形成的多层前馈网络。神经网络的信息处理主要是通过最基本的元素神经元的相互作用、相互连接来实现。神经元的通用的结构模型如式（6-19）和图 6-5 所示。其中 u_i 为神经元 i 的内部状态，θ_i 为阈值，x_j 为输入信号，w_{ij} 表示 x_j 对神经元的加权系数，s_i 表示某一外部输入的控制信号。

$$\begin{cases} \tau \dfrac{\mathrm{d}u_i}{\mathrm{d}t} = -u_i(t) + \sum w_{ij}x_j(t) - \theta_i \\ y_i(t) = f[u_i(t)] \end{cases} \tag{6-19}$$

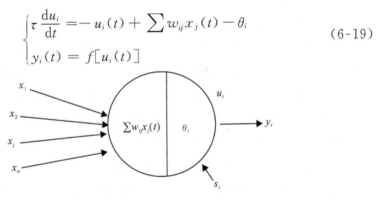

图 6-5　神经元结构图

Fig. 6-5　Model of neuron structure

神经元常用的主要有以下 4 种函数形式，假设神经元的输出由函数 f 表示，则：

第 1 种：阈值型转移函数，是神经元模型中最简单最基本的模型；

$$f(x) = \begin{cases} 1 & x \geqslant 0 \\ 0 & x < 0 \end{cases} \tag{6-20}$$

第 2 种：非线性转移函数，主要包括单极性 Sigmoid 函数和双极性 Sigmoid 函数；

$$f(x) = 1/(1+e^{-x}) \tag{6-21}$$

$$f(x) = (1-e^{-x})/(1+e^{-x}) \tag{6-22}$$

第 3 种：分段线性转移函数；

$$f(x) = \begin{cases} 1 & x_c < x \\ cx & 0 < x < \mathbf{X}_c \\ 0 & x \leqslant 0 \end{cases} \tag{6-23}$$

第 4 种：概率型转移函数；

$$p(1) = 1/(1+e^{-x/T}) \tag{6-24}$$

（2）前向结构及架构参数。BP 神经网络是具有三层或以上阶层结构的神经网络，由输入层、隐层和输出层组成。每层都包含若干个神经元，层与层之间的神经元通过权值连接。其网络结构如图 6-6 所示。

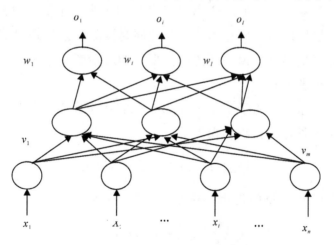

图 6-6　三层 BP 神经网络结构模型图

Fig. 6-6　Structure of BP network with three layers

在图 6-6 中，输入向量为 $X = (x_1, x_2, \cdots, x_n)^{\mathrm{T}}$，隐层输入向量为 $Y = (y_1, y_2, \cdots, y_m)^{\mathrm{T}}$，输出层输出向量为 $O = (o_1, o_2, \cdots, o_l)^{\mathrm{T}}$，期望输出向量为 $D = (d_1, d_2, \cdots, d_l)^{\mathrm{T}}$。输入层到隐层之间的权值矩阵为 $V = (v_1, v_2, \cdots, v_m)$，隐层到输出层之间的权值矩阵为 $W = (w_1, w_2, \cdots, w_l)$。各层之间的数学关系如下：

对于输出层有：

$$O_k = f(net_k) \quad k = 1, 2, \cdots, l$$
$$net_k = \sum_{j=1}^{m} w_{jk} y_j \quad k = 1, 2, \cdots, l \tag{6-25}$$

对于隐层有：

$$y_i = f(net_j) \quad j = 1, 2, \cdots, m$$
$$net_j = \sum_{i=1}^{n} v_{ij} x_i \quad j = 1, 2, \cdots, m \tag{6-26}$$

式（6-25）和式（6-26）中，转移函数 $f(x)$ 一般选用单调递增的有界非线性 Sigmoid 函数，与式（6-21）共同构成了三层 BP 人工神经网络的架构。

（3）BP 算法。是一种信号正向传递，误差反向传播的算法，是在对 BP 神经网络的神经元进行设定并对 BP 神经网络架构进行设计后，制定的管理 BP 神经网络的规则。BP 算法的基本思想是样本信息由输入层输入经过各隐层逐层处理后传向输出层；与此同时预测误差则通过隐层向输入层传递，作为调整网络权值和阈值的依据。如此不断重复进行，直到预测误差达到指定要求为止。

（4）工作原理。对于一个三层 BP 神经网络而言，当网络输出结果和预期值不相等时，存在输出误差 E：

$$E = 1/2(D - O)^2 = 1/2 \sum_{k=1}^{l} (d_k - o_k)^2 \tag{6-27}$$

将输出误差 E 反向传递到隐层，则有：

$$E = 1/2 \sum_{k=1}^{l} [d_k - f(net_k)]^2$$
$$= 1/2 \sum_{k=1}^{l} [d_k - f(\sum_{j=1}^{m} w_{jk} y_j)]^2 \tag{6-28}$$

输出误差 E 由隐层反向传递到输入层，则有：

$$E = 1/2 \sum_{k=1}^{l} \left\{ d_k - f \left[\sum_{j=1}^{m} w_{jk} f(net_j) \right] \right\}^2$$

$$= 1/2 \sum_{k=1}^{l} \left\{ d_k - f \left[\sum_{j=1}^{m} w_j k f \left(\sum_{i=1}^{n} v_{ij} x_i \right) \right] \right\}^2 \qquad (6\text{-}29)$$

由于网络输出误差 E 的大小是修正输入层、输出层等所有神经元权值的依据，因此当输出误差没有达到要求时可以通过调解权值 w_{jk}、v_{ij} 以减小输出误差，即

$$\Delta w_{jk} = -\eta \frac{\partial E}{\partial w_{jk}} = \eta(d_k - o_k) o_k (1 - o_k) y_j \quad j = 1, 2, \cdots, m; k = 1, 2, \cdots, l$$

$$\Delta v_{ij} = -\eta \frac{\partial E}{\partial v_{ij}} = \eta \left(\sum_{k=1}^{l} \delta_k^o w_{jk} \right) y_{(1} - y_j) x_i \quad i = 1, 2, \cdots, n; j = 1, 2, \cdots, m$$

$$(6\text{-}30)$$

其中，η 为学习率，取值范围在 $0.01 \sim 0.9$ 之间，由式（6-30）可知，神经元权值的大小受到学习率、输出误差信号和输入信号的共同影响，根据三层 BP 神经网络的基本结构和算法可以构建其工作原理，如图 6-7 所示。

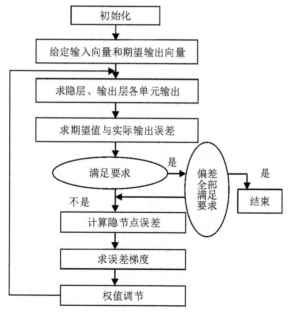

图 6-7　BP 神经网络预警模型工作原理图
Fig. 6-7　BP neural network prediction model principle diagram

6.3.2 基于 BP 人工神经网络的柑橘产销预警模型构建

（1）输入和输出变量。对于柑橘产销预警而言，输入变量为先行警兆指标，根据表 5-4 可知，柑橘产销先行警兆指标包括农业机械总动力增长率、农业生产资料零售价格指数、柑橘单产增长率、柑橘平均每亩生产成本增长率、柑橘进口量增长率、有效灌溉面积增长率、受灾面积增长率、柑橘种植面积增长率；输出变量是警情指标即柑橘生产者价格变动率，根据表 6-1 中的综合原则确定的年度警限和警度：如果柑橘生产者价格变动率在 −30％ 以下为负向重警，警度值为 −1；−30％ ～ −10％ 为负向轻警，警度值为 −0.5；−10％ ～ 10％ 为无警，警度值为 0；10％ ～ 50％ 为正向轻警，警度值为 0.5；大于 10％ 为正向重警，警度值为 1，见表 6-11。

表 6-11 BP 神经网络输出变量赋值表

Table 6-11 The assignment of the BP neural network output variable

警度		负向重警	负向轻警	无警	正向轻警	正向重警
信号灯		白灯	蓝灯	绿灯	黄灯	红灯
产销特征		柑橘价格快速下跌，产销严重失衡	柑橘价格下跌，产销失衡	柑橘价格稳定，产销平衡	柑橘价格上涨，产销失衡	柑橘价格快速上涨，产销严重失衡
警限	综合原则	−∞，−30	−30，−10	−10，10	10，50	50，∞
警度	赋值	−1	−0.5	0	0.5	1

（2）数据的标准化处理。选择 Sigmoid 函数作为连接函数，非线性的传递函数的值域一般是 [0，1] 或 [−1，1]，对于输出层的传递函数来说，通过网络处理后的数据范围应该是 （0，1）或 [−1，1]，因此需要对输入和输出变量进行标准化处理，这样才能使训练网络的收敛速度加快，输出结果处于上述区间，达到预测预警的效果。利用式（6-31）对输入变量进行标准化处理，使之取值区间为 [−1，1]。

$$P_i = 2(I_i - I_{\min})/(I_{\max} - I_{\min}) - 1 \qquad (6-31)$$

式中，P_i 为标准化处理后样本值；I_i 为标准化处理前的原始样本值；$I_{\min}$ 为原始样本最小值；$I_{\max}$ 为样本最大值。而输出变量根据警度等级采用赋值方法进行标准化处理，每一警度值见表 6-11。据此，2001—2015 年中国柑橘生产者价格波动的警度见表 6-12。

表 6-12　柑橘生产者价格波动警度划分

Table 6-12　The warning degree classification of citrus producer price fluctuation

年份	柑橘生产者价格波动率	警度等级	警度值
2001	8.74	无警	0
2002	43.99	正向轻警	0.5
2003	−8.87	无警	0
2004	−3.05	无警	0
2005	33.86	正向轻警	0.5
2006	−13.16	负向轻警	−0.5
2007	−12.03	负向轻警	−0.5
2008	−26.84	负向轻警	−0.5
2009	37.54	正向轻警	0.5
2010	69.77	正向重警	1
2011	−22.77	负向轻警	−0.5
2012	−7.39	无警	0
2013	14.42	正向轻警	0.5
2014	24.51	正向轻警	0.5
2015	−1.25	无警	0

（3）建立 BP 神经网络模型。输入变量包含 8 个先行警兆指标，因此输入层的神经元有 8 个；输出变量就是 1 个警情指标，因此输出层神经元有 1 个。此外，综合考虑 BP 神经网络预测精度和网络训练所需时间长短，本文选择单隐层的网络结构。BP 神经网络结构中隐层节点数的确定方法尚无定论，考虑到网络的收敛性、训练时间和容错性。采用公式（6-32）作为确定最佳隐层节点数的参考。

$$m = \sqrt{n+p} + a \qquad (6\text{-}32)$$

式中，m 为隐层节点数；n 为输入层神经元的数量；p 为输出层神经元的数量，取值范围为 1～10。根据上述输入层和输出层神经元数可以确定本网络的最佳隐层节点数 m 应该是 4～13 之间的任意常数，根据反复训练试算，确定最佳隐层节点数为 8。

（4）预警模型训练和测试。利用 MATLAB R2012b 软件实现该 BP 神经网络的构建，使用 2001—2014 年的柑橘产销预警指标体系数据进行预警模型训练，用 2015 年的柑橘产销预警指标体系数据进行测试。采用能够有效提高训练精度高和加快收敛速度的 Trainlm 函数作为训练函数，采用 Tansig 正切函数作为转移函数，设定训练周期最大次数为 1000 次，训练目标最小误差为 0.00015，Levenberg-Marquart 优化算 Marquart 调整参数 mu＝0.1，经过 8 次训练后，误差达到目标值，结果满足要求，具体如图 6-8 所示和见表 6-13。

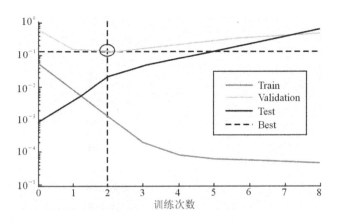

图 6-8　BP 神经网络预警模型训练过程

Fig. 6-8　The training process of BP neural network early warning model

表 6-13　BP 神经网络产销预警输出结果

Table 6-13　The output results of BP neural network

时间	实际值	网络输出值	时间	实际值	网络输出值
2001	0	0	2009	0.5	0.5
2002	0.5	0.51	2010	1	0.99
2003	0	0	2011	−0.5	−0.5
2004	0	0	2012	0	0
2005	0.5	0.5	2013	0.5	0.5
2006	−0.5	−0.49	2014	0.5	0.51
2007	−0.5	−0.49	2015	0	0.004
2008	−0.5	−0.5			

从表 6-13 中可看出，2001—2014 年 BP 神经网络的输出结果与实际警度很接近，说明所构建的 BP 神经网络预警模型较准确地拟合出了柑橘产销风险的实际情况，满足柑橘产销预测预警的基本要求。除此之外，还应该通过 BP 神经网络的趋势外推来判断 BP 神经网络的预测效果好坏，由此得出已构建的 BP 神经网络模型是适合进行柑橘产销预测预警的。采用 2015 年的警兆指标作为测试样本，对上述建立的 BP 神经网络预警模型进行验证。2015 年的警情指标显示柑橘产销处于无警安全状态，即警度为 "0"，通过 BP 神经网络得出的网络输出结果为 "0.004"，与 "0" 非常接近，这表明 BP 神经网络对柑橘产销进行预测预警是有效的。

6.4　中国柑橘产销组合模型预测预警

6.4.1　组合模型预测预警的基本原理和方法

　　由于柑橘的市场价格序列往往会随时间发生突变，单一预测预警模型一般只包含或体现其部分信息，可能会出现预测误差偏大，预测结果警度低的情况。而综合利用各种模型，辅以适当的权重得出的组合预警方法则通常可以有效利用不同模型提供的各种信息，以提高最终预警的准确度和稳定性。

　　组合模型预测预警主要包括以下三个步骤：第一，单项模型的选择与模拟。组合模型预警是一个对单项模型的信息进行选择利用的过程，入选的单项模型是否适合该类型样本数据的预测，将会对最终预警结果的精度产生较大影响。因此，在实际应用中，对单项模型的选择，要根据研究对象的特点，结合单项模型运用的原理和条件选择适合的方法。第二，组合权重的确定。组合模型预警，就是对若干种不同预测方法得到的预测结果分别赋予相应的权重，将计算的加权平均结果作为最终的组合预测结果，最后根据设定的警限警度来进行预警。合理的权重分配能够使组合模型更加有效地提高预测预警的精度。第三，组合模型的构建与预测预警。将入选的单项模型根据合理的权重加权平均后构建组合预测模型，应用组合预测模型对未来的市场价格进行短期预测，结合警度和警限对其进行短期预警。

（1）单项预测模型的选择与模拟。由于本章采用的是月度价格资料，而建立回归模型时涉及影响因子如：供需关系、生产成本、自然条件等月度数据的获取，目前的统计资料中尚未有这样的数据，因此在单项模型的选择中暂不考虑回归模型预测方法，只在时间序列模型和智能模型中进行选择。

时间序列预测模型的选择。一般而言，农产品市场价格序列都包含趋势、季节、循环和不规则变动的影响，每种影响因素的特征都会影响着预测结果的精度。因此，选择预测模型之前，必须对市场价格序列进行检验判断，确认其平稳性、趋势性、季节性、异方差性等特征。

市场价格序列的检验主要有平稳性检验、趋势性检验、季节性检验和异方差检验4种。平稳性检验主要通过ADF单位根检验来确定农产品市场价格时间序列是否平稳，以此来筛选适用的时间序列预测法；趋势性检验主要是通过构建一个含有时间趋势的回归模型，通过时间变量的统计显著性来判断农产品市场价格是否随时间变化而呈现出某种趋势性变动，在建立预测模型时如果没有考虑时间趋势特征的影响，就可能会设置错误的模型形式，遗漏重要的时间变量，降低预测精度；季节性检验可以通过构建季节虚拟变量模型来检验农产品市场价格序列是否具有季节性波动特征，这是由于柑橘是季节性较强的农产品，其市场价格往往带有较强的季节性特征，尤其是持续观察得到的月度或季度价格数据。条件异方差拉格朗日乘数法（LM）检验主要用于确定非平稳时间序列中是否存在条件异方差，根据检验结果选择适用的分析预测方法。当检验结果表明该时间序列数据不存在条件异方差时，可选用差分自回归移动平均模型（简称ARIMA或SARIMA模型）进行预测，当检验结果表明该时间序列数据不存在条件异方差时，应选用自回归条件异方差模型（简称ARCH模型）进行预测。

目前，常用的时间序列预测模型大致分为4种。一是趋势外推模型，当时间序列只含有明显的长期趋势而不含有季节变动时，同时能够找到合适的直线或曲线来拟合这种变化时，可以采用趋势外推法进行预测；如果同时含有长期趋势和季节变动时，需要在趋势外推模型中增加入季节虚拟变量来进行预测；二是季节分解模型，常用的有X11、X12季节分解模型；三是指数平滑模型，主要有一次指数平滑、二次指数平滑、Brown 二次（或高次）多项式指数平滑、Holter—Winters 模型等；四是博克斯—詹金斯模型，主要包括：自回归 AR 模型、移动平均 MA 模型、自回归移动平均 ARMA 模型和差分自回归移动平均 ARIMA 或 SARIMA 模型。根据上述检验结果确定价格序列的数据特征，选择适当的方法和模型进行预测。

智能预测模型的选择与模拟。目前广泛应用对价格进行预测的智能方法主要有 BP 人工神经网络、灰色系统、遗传算法、模糊集、粗糙集等。在众多有关价格预测预警的文献中，BP 人工神经网络模型和灰色系统应用较多，而遗传算法、模糊集、粗糙集等理论常渗透在 BP 人工神经网络模型中对其进行改进使用。BP 人工神经网络预测方法具有自学习、自组织、易推广等特点，可有效解决使用传统的价格预测方法对波动情况复杂的非线性问题进行处理时力不从心的问题，目前该方法在价格预测领域发展较为成熟。近年来，灰色系统模型预测受到国内外各领域学者的广泛关注。该方法对于样本数据及其分布没有限制，根据原始数据序列的变动找到其潜在的波动规律，通过关联分析对未来的变动趋势进行预测。

BP 神经网络模型预测。首先，进行数据的标准化处理，为了使神经网络的训练效果达到预期，需要对输入和输出数据进行标准化，使得数据取值范围为（0，1）或（−1，＋1），常用的处理方式有离差标准化、函数标准化和偏差标准化 3 种，本章中将采取函数标准化处理方式，将输入、输出数据标准化处理，具体的处理公式为：

$$Y^*(k) = Y(k)/(2 \times Y_{max}), k = 1,2,\cdots,N \qquad (6\text{-}33)$$

其次，建立 BP 人工神经网络模型，本研究中，输出层为 1；由于采用月度预测，因此考虑用 3 个月即一个季度去对未来进行预测，故输入层为 3；隐含层个数为选取（输出层＋输入层）/2，即为 2，传递函数为 Tansig 函数。

再次，进行网络训练，选择适当的训练算法和训练参数，包括确定初始的权值、学习效率、训练的最大次数和预测误差目标值等。

最后，利用预测误差达到目标值的 BP 神经网络模型对未来值进行预测。

灰色系统模型预测。根据样本数据特点，选择离散灰色模型 GM（1，1）进行预测。设价格原始序列为 $\boldsymbol{P}^{(0)}$，$\boldsymbol{P}^{(0)} = \{\boldsymbol{P}^{(0)}(1)$，$\boldsymbol{P}^{(0)}(2)$，… $\boldsymbol{P}^{(0)}(n)\}$，$\boldsymbol{P}^{(0)}(k) \geqslant 0$，$k=1,2,\cdots,n$，$\boldsymbol{P}^{(1)} = \{\boldsymbol{P}^{(1)}(1)$，$\boldsymbol{P}^{(1)}(2)$，… $\boldsymbol{P}^{(1)}(n)\}$ 作为一次累加生成序列，其中 $\boldsymbol{P}^{(1)}(k) = \sum_{i=1}^{k} \boldsymbol{P}^{(0)}(i)$，$k=1$，$2,\cdots,n$，则称 $\boldsymbol{P}^{(1)}(k+1) = \beta_1 \boldsymbol{P}^{(1)}(k) + \beta_2$ 为 GM（1，1）模型，运用普通最小二乘法，可以对未知参数 β_1 和 β_2 进行估计。根据 β_1、β_2 的最小二乘估计值，可以还原 $\boldsymbol{P}^{(0)}(k)$ 的拟合值，即：

$$\hat{\boldsymbol{P}}^{(0)}(1) = \hat{\boldsymbol{P}}^{(1)}(1), \hat{\boldsymbol{P}}^{(0)}(k+1)$$
$$= \hat{\boldsymbol{P}}^{(1)}(k+1) - \hat{\boldsymbol{P}}^{(1)}(k), k = 1,2\cdots,n-1 \quad (6\text{-}34)$$

在使用灰色模型预测前还需进行残差检验、关联度检验和后验差检验，只有通过检验才能利用模型进行预测。

（2）组合权重的确定。组合预测预警最关心的问题就是如何求出加权平均数，即每种预测方法在组合预测模型中的权重 w_i。合理的权重分配能够使组合模型更加有效地提高预测预警精度。组合模型中权重的选取方法常用的有算术平均法、标准差法、均方倒数法、方差倒数法、AHP 法、德尔菲法、最优加权法等。本章在借鉴相关文献资料的基础上选择方差倒数法来计算权重，对误差小的单项预测模型预测结果分配较高权重，对误差大的单项预测模型预测结果分配较低权重，从而使得加权组合预测模型的预测误差尽可能降低，预测精度提高。计算公式为：

$$w_i = \frac{\dfrac{1}{\sum_{i=1}^{n}(F_{it}-Y_t)^2}}{\sum_{i=1}^{n}\left[\dfrac{1}{\sum_{i=1}^{n}(F_{it}-Y_t)^2}\right]} \quad (6\text{-}35)$$

（3）组合预测模型的构建与预测预警。如果对同一样本序列数据，有 n 种预测方法。样本序列第 t 期的实际观测值为 Y_t，使用第 i 种预测方法在第 t 期的预测值为 F_{it}，第 i 种预测模型在组合预测模型中的权重为 w_i，则组合预测模型为：

$$F_t = \sum_{i=1}^{n} w_i F_{it} \quad (6\text{-}36)$$

根据组合预测模型对未来的市场价格进行短期预测，并将预测值参照已设置的警限与警度，确定是否出现警情并予以报警。

6.4.2　柑橘产销组合预测预警模型构建

（1）数据来源。以 2003—2016 年的《中国农产品价格调查年鉴》、中国经济与社会发展统计数据库为来源，选取 2002 年 1 月至 2015 年 6 月橙子月度集贸市场价格数据进行实证分析，其中前 13 年 156 个数据作为网络训练的样本数据，2015 年 1～6 月的数据作为对网络预测数据的检验。

（2）时间序列预测模型的选择与预测结果。第一，市场价格序列的检验。首先采用 ADF 检验对橙子月度集贸市场价格时间序列的平稳性进行检验，由检验结果（见表 6-14）可以看出橙子集贸市场价格时间序列存在单位根，为不平稳时间序列，而该序列经过一阶差分后已经消除了单位根，为平稳时间序列，因此可以判断橙子市场价格序列为一阶单整序列。平稳性检验结果表明，适用于非平稳序列的 ARIMA、ARCH 模型可以用于以上橙子市场价格的短期预测。

表 6-14　橙子市场价格时间序列平稳性检验结果

Table 6-14　The stability test results of orange market price time series

	ADF 检验统计量	1%临界值	5%临界值	10%临界值	P 值
橙子价格	−0.0326	−3.4749	−2.8810	−2.5772	0.9533
橙子价格一阶差分	−9.0065	−3.4749	−2.8810	−2.5772	0.0000

其次进行趋势性、季节性检验。将橙子月度集贸市场价格做时序图，如图 6-9 所示，橙子市场价格序列存在着明显的趋势性和季节性。为进一步验证其趋势性，通过构建含有时间趋势的线性回归模型，运用最小二乘法进行估计，得到的估计与检验结果（见表 6-15）显示：回归模型中时间趋势项在 1%的显著性水平下显著，表明橙子价格序列呈现明显的趋势性，因此可以选择适用于有趋势性的时间序列模型来进行其市场价格的短

期预测，如二次指数平滑、Holt—Winters 指数平滑模型等。为进一步验证其季节性，通过构建含有季度虚拟变量的线性回归模型，运用最小二乘法进行估计，得到的估计与检验结果（见表 6-16）显示：橙子建立的回归模型中季节虚拟变量在 1% 的显著性水平下显著，表明橙子价格序列呈现明显的季节性，可以选择含有季节变动的如 Holt—Winters 指数平滑模型、Census X12 季节分解模型、SARIMA 模型进行市场价格的短期预测。

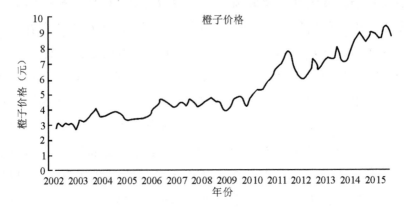

图 6-9 橙子集贸市场价格时间序列图

Fig. 6-9   Orange market price time sequence diagram

表 6-15   橙子市场价格趋势性检验结果

Table 6-15   The trend test results of orange market price

种类	时间趋势项系数	标准差	t 值	P 值
橙子	0.0153	0.0019	7.9164	0.0000

表 6-16   橙子市场价格季节性检验结果

Table 6-16   The seasonal test results of orange market price

种类	季节虚拟变量系数	标准差	t 值	P 值
	0.9965	0.1086	9.1750	0.0000
橙子	−0.5268	0.0844	−6.2399	0.0000
	−0.8494	0.0760	−11.1764	0.0000

最后进行条件异方差检验。对橙子月度集贸市场价格使用条件异方差拉格朗日（ARCH-LM）检验，结果表明其价格序列不存在条件异方差，可使用 ARIMA 或 SARIMA 模型进行市场价格的短期预测，具体检验结果见表 6-17。

表 6-17　橙子市场价格的 ARCH-LM 检验结果

Table 6-17　The ARCH-LM test results of orange market price

种类	卡方统计量	P 值
橙子	16.0622	0.1884

第二，时间序列预测模型的选择与预测。综合以上检验结果可以确定，在样本期内，中国橙子月度集贸市场价格时间序列均具有非平稳性、趋势性、季节性和无条件异方差性。根据上述特征，结合不同时间序列模型的适用范围和条件，使用 Holt—Winters 季节性指数平滑模型、Census X12 的季节分解模型和 SARIMA 模型分别进行橙子市场价格序列的拟合和短期预测，其中 SARIMA 模型均通过原始价格序列、差分序列和季节差分序列的自相关图识别模型阶数并比较不同阶数模型的拟合效果，选择拟合优度高，SC 值和 AIC 值小的模型。具体模型的选择结果见表 6-18。

表 6-18　橙子市场价格预测模型选择

Table 6-18　The selection of orange market price forecasting model

种类	单项时间序列预测模型的选择
橙子	1. Holt—Winters 季节性乘法模型 2. ARIMA (1，1，1) (1，1，1) X12 模型 3. Census X12 的季节分解模型

根据以上单项时间序列预测模型对橙子月度集贸市场价格分别进行模型拟合，并对 2015 年 1～6 月的市场价格进行预测，通过预测值和实际值之间平均绝对百分比误差的大小比较，拟合及预测结果显示：对 Holt—winters 季节乘法模型预测精度较高，Census X12 的季节分解模型预测精度相对最低。具体各模型的预测误差见表 6-19。

表 6-19　橙子市场价格时间序列预测模型预测误差

Table 6-19　The prediction error of orange market price time forecasting model

时间序列预测模型的预测误差（%）	橙子
Holt—Winters 季节性乘法模型	3.96
Census X12 的季节分解模型	6.95
SARIMA 模型	7.14

（3）智能预测模型的选择与预测结果。第一，BP 神经网络预测。利用 MATLAB R2012b 软件实现该 BP 神经网络的构建，使用 2002 年 1 月至 2014 年 12 月的数据进行预警模型训练，用 2015 年 1～6 月的数据进行模型测试。网络训练函数采用 Trainlm 函数，传递函数为 Tansig 函数，设定最大训练次数为 2000 次，训练目标最小误差为 0.01，Levenberg-Marquart 优化算法的调整参数 mu＝0.1，橙子月度集贸市场价格经过 10 次训练后，误差达到目标值，结果满足要求，如图 6-10 所示。

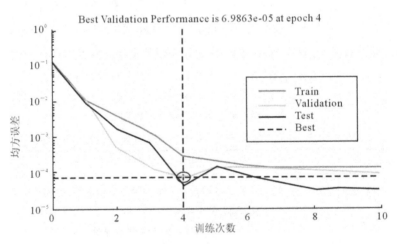

图 6-10　橙子市场价格 BP 神经网络预测模型训练过程

Fig. 6-10　The training process of BP neural network of orange market price forecasting model

第二，灰色系统模型预测。根据灰色系统模型 GM（1，1）及橙子月度集贸市场价格数据，分别计算出其模型的参数 β_1、β_2 的估计值，并将所建立的灰色预测模型分别进行了残差检验、关联度检验和后验差检验，由检验结果（见表 6-20）可知，橙市场价格的关联度是 0.76，大于 0.6 的最低关联度标准，精度等级为 3；后验差比值为 0.15，小于 0.35，精度等级为 1，这说明灰色系统模型适合进行橙子市场价格的短期预测。

表 6-20 橙子市场价格灰色预测模型参数估计和检验结果

Table 6-20 The parameter estimation and test results of GM (1, 1) of orange market price

品种	模型参数估计值		残差检验	关联度检验		后验差检验		
	β_1	β_2	平均绝对百分比误差（%）	关联度	等级	后验差比值	等级	等级
橙子	1.01	2.68	3.3	0.76	3	0.15	1	1

注：关联度标准为 1 级—（0.9, 1）；2 级—（0.8, 0.9）；3 级—（0.7, 0.8）；4 级—（0.6, 0.7）；后验差比值标准 1 级—0.35；2 级—0.50；3 级—0.65；4 级—0.80

根据 BP 神经模型和灰色系统模型 GM (1, 1) 对橙子月度集贸市场价格分别进行模型拟合，并对 2015 年 1～6 月的价格进行预测，通过预测值和实际值之间平均绝对百分比误差的比较，拟合及预测结果显示：BP 神经网络模型预测误差较小，灰色系统模型 GM (1, 1) 预测误差相对较大。具体各模型预测误差见表 6-21。

表 6-21 橙子市场价格智能预测模型预测误差

Table 6-21 The prediction error of orange market price intelligent forecasting model

智能预测模型的预测误差（%）	橙子
BP 神经网络模型	8.32
灰色系统模型	8.69

（4）构建组合预测模型。由于组合预测模型中的单项预测模型数量达到一定量时，继续增加模型反而可能会降低组合预测精度，因此首先对橙子月度集贸市场价格组合预测模型中的单项预测模型进行筛选。具体操作方法是从 5 种单项预测模型中选择 3 种预测精度相对较高的模型进行组合；再以入选的单项预测模型预测结果误差小则权重高为基本原则，选取方差倒数法来计算权重，构建市场价格短期预测的组合预测模型；最后对组合预测模型的预测模拟结果进行检验，计算其绝对百分比误差，与单项时间序列模型的预测误差进行比较，以确定最终的拟合效果。由拟合结果

可知：橙子月度集贸市场价格的短期预测，选取了 Holt—Winters 季节性指数平滑模型、Census X12 的季节分解模型和 SARIMA 模型进行加权组合，最终的预测误差为 3.04％，小于 Holt—Winters 季节性指数平滑模型、Census X12 的季节分解模型和 SARIMA 模型的预测误差。具体拟合效果见表 6-22。

表 6-22　橙子市场价格组合预测模型权重及预测误差

Table 6-22　The weight of combination forecasting model and prediction error of orange market price

单项预测模型权重及组合预测模型的预测误差（％）		橙子
权重	Holt—Winters 季节性乘法模型	0.639
	Census X12 的季节分解模型	0.164
	SARIMA 模型	0.197
	BP 神经网络模型	
	灰色系统模型	
预测误差（％）	组合预测模型	3.25

根据组合预测模型对 2015 年 1～6 月的橙子市场价格的预测值，参考风险价值法（VaR）设置的橙子市场月度价格的警限区间分别为：负向重警（-∞，-6.59％），负向轻警（-6.59％，-3.0％），无警（-3.0％，3.8％），正向轻警（3.8％，8.74％），正向重警（8.74％，∞），可以得知 6 个月中除 4 月份出现正向轻警外，其余月份均为无警，这与实际警度基本一致，有效性达到 83.3％，见表 6-23。

表 6-23　橙子市场价格组合预测值与预警警度及有效性

Table 6-23　The combination prediction and warning degree of orange market price

时间	橙子市场价格	组合模型预测价格	实际警度	预测警度	有效性
2015.01	8.29	7.9	无警	无警	有效
2015.02	8.83	8.78	无警	无警	有效
2015.03	8.77	8.69	无警	无警	有效
2015.04	8.82	8.41	正向轻警	正向轻警	有效
2015.05	8.63	8.42	正向轻警	无警	无效
2015.06	8.56	8.40	无警	无警	有效

6.5　结论与讨论

中国柑橘产销预警模型构建是柑橘产销预警系统构建中的核心环节。在第 5 章建立的柑橘产销预警指标体系的基础上，本章根据三种不同的预警方式对柑橘产销分别进行了统计预警、景气指数预警和模型预警。

（1）柑橘产销统计预警主要是对柑橘产销警情指标和先行警兆指标分别设立警限和警度，并建立预警信号灯系统来对产销情况进行预测预警。对警情指标的警限和警度的设立分类使用了年度数据和月度数据，其中年度警限的设立综合了多数原则、少数原则、半数原则和物价原则的结果，在专家经验判断下最终确定；月度警限则是使用了风险价值法（VaR）进行确定。在警限区间确定的基础上对警度进行了 5 个等级的对应设定，并建立了 5 色预警信号灯系统。根据映射法对先行警兆指标的预警警限、警度进行了同步设定，并对 8 个先行警兆指标的预警有效性进行了检验，其中有效的先行警兆指标为柑橘单产增长率（先行 3 年）、柑橘平均每亩生产成本增长率（先行 2 年）、农业机械总动力增长率（先行 2 年）、柑橘进口量增长率（先行 1 年）、农业生产资料零售价格指数（先行 2 年）。

（2）以柑橘产销预警指标体系为基础，以熵权法确定权重的扩散指数和合成指数法为编制方法，分别编制了柑橘产销预警的先行、同步、滞后指标的扩散指数和合成指数序列。结果表明：同步扩散、合成指数与柑橘生产者价格增长率的波动周期基本一致；先行扩散、合成指数均较同步指数有 1～3 年的先行期，有稳定的先行预警性，较好地预测了柑橘产销的景气转折点和波动幅度；滞后指数较同步指数有 1～3 年的滞后期，能反映柑橘产销警情的持续影响情况。

（3）以柑橘产销预警指标体系为基础，利用 BP 人工神经网络模型来对柑橘年度产销情况进行分析，预测预警结果较准确地拟合出了柑橘产销风险的实际情况，这表明 BP 神经网络对柑橘产销风险进行预测预警是有效的。以 2002 年 1 月至 2014 年 12 月的橙子月度集贸市场价格数据为样本，通过检验、筛选，构建了适合橙子市场价格的组合预测预警模型，并据此模型对 2015 年 1～6 月的橙子市场价格进行了短期预测预警。结果显示：组合预测模型的预测误差均小于单项预测模型的预测误差，组合预测能提高预测预警的精度。

第 7 章　中国柑橘产销突发事件风险预警

近年来，鲜活农产品在产销过程中突发事件层出不穷，如："禽流感""毒奶粉""蛆柑""毒香蕉""瘦肉精"等。这些突发事件的出现严重地影响了鲜活农产品的正常生产和销售，甚至导致了大量人员伤亡和巨额财产损失，极大地影响了中国农业的健康发展和社会稳定。这些产销过程中频发的突发事件，反映出鲜活农产品生产、流通、销售各环节都存在许多问题和风险，也充分显示出鲜活农产品产销链应对突发风险的脆弱性。因此，鲜活农产品产销过程中的突发性风险估计与预警成为亟待解决的问题。作为世界第一大果的柑橘也是中国南方地区最重要的经济果树之一，在生产过程中容易受到病虫害、恶劣气候等突发事件的影响，如2008年年初南方地区的雪灾冻害及10月份源于四川广元的柑橘"大食蝇"事件，都对柑橘产业造成了极大的影响。因此，研究柑橘产销突发事件风险的产生、评估其风险大小，构建适宜的风险预警体系有着重要的现实意义。

7.1　柑橘产销突发事件风险的含义及分类

7.1.1　农业突发事件

农业突发事件主要是指与农业生产或农产品消费密切相关，突然发生的对农业生产造成大面积损坏、毁坏、农业生态平衡失控、物种灭失，或突然发生的导致农民收入锐减、影响人们正常生活、农业健康发展和社会稳定的质量安全事件及农产品价格巨幅波动。主要包括自然灾害、环境污染、突发重大动植物疫情灾害、农产品质量安全问题、农产品价格巨幅波动事件五大类（胡斌，2006）。农业突发事件发生初期一般比较隐蔽难以及时发现，突然爆发后危害性极大，易造成持续性影响，通常比一般突发事件更加难以应对和处理。

（1）自然灾害。是指自然现象对人类生存和生活环境带来的破坏，包括气象灾害、地质灾害、海洋灾害、环境污染等灾害。由于农业生产受到自然因素影响程度很高，致使其容易受到各类自然灾害的冲击，从而产生巨大的经济损失。据统计，2015 年中国农作物受灾面积为 21768.9 千公顷，其中旱灾受灾面积为 10609.7 千公顷，洪涝等灾害受灾面积为 7341.3 千公顷，风雹灾害受灾面积为 2918 千公顷，低温冷冻和雪灾受灾面积为 900.3 千公顷，直接经济损失达 2704.1 亿元。

（2）农业环境污染。是指由于集体或个人过度使用化肥、农药、焚烧秸秆、大量畜禽粪便的随意排放和温室农业产生的不可降解的有毒废弃物，对农田土壤、农用水域、农区大气环境造成污染，损害农业发展和社会稳定的突发性事件。农业环境污染通常会造成极大的危害，不仅打击农业生产、造成巨额经济损失，而且还会影响人们的身体健康和生命安全。

（3）突发重大动植物疫情灾害。近年来，中国先后爆发了"禽流感""猪蓝耳病""香蕉黑霉病""柑橘大食蝇"等动植物疫情。例如，2013 年3 月爆发的人感染 H7N9 禽流感突发事件造成禽类产品销量急剧下滑、大量活禽产品滞销、禽产品价格持续下跌、禽类上市企业股票市值大幅缩水，直接经济损失达 400 多亿元，给家禽业发展造成了毁灭性打击。

（4）农产品质量安全问题。农产品质量安全突发事件的发生会让消费者的身体健康和生命安全受到伤害，同时也会打击相关农产品的生产和销售，形成一些社会不安定因素，并损害相关农产品的国际形象，给农产品国际贸易带来不利影响。如近年来先后发生的"苏丹红鸭蛋""毒比目鱼""毒奶粉""镉大米""毒豇豆""黑心地沟油""福喜过期肉"等食品安全突发事件。

（5）农产品价格巨幅波动。近年来，各种地震、洪涝、干旱等自然灾害频发，以及世界石油价格大起大落等因素，与农业内部各生产要素的变动、社会环境等因素交织影响，使得农产品市场变得错综复杂，农产品市场价格的大幅度波动现象层出不穷。比如"蒜你狠""豆你玩""姜你军""糖高宗""辣翻天""玉米疯""油你涨""苹什么"等事件接踵而至。以上各种价格异常现象不仅严重影响了老百姓的生活，而且扰乱了相关产业的正常发展秩序，甚至滋生了一些社会不安定的因素。

7.1.2　柑橘产销突发事件风险

柑橘产销突发事件风险主要是指柑橘在生产和销售过程中，由于产销系统外部的不确定性因素，如：突发自然灾害、病虫害、经济政策环境改变等因素引起的产销失衡，导致实际收益与预期不一致的不确定性。由于柑橘的产销链是由农户、批发商、零售商、消费者组成的复杂网络，抗击突发事件风险能力有限，一旦出现了系统外部不确定因素的影响，会给整个产销链带来严重损害甚至导致整个柑橘产业陷入危机。因此对产销链条上突发事件风险进行及时准确地分类判断和预警显得尤为重要。根据柑橘产销链特点及突发事件风险的常见诱发因素，可以将突发事件风险大致分为生产型突发事件风险、需求型突发事件风险和运营型突发事件风险三类：

（1）生产型突发事件风险。橘农是柑橘的主要生产者，来自橘农的生产型突发事件风险因素包括自然环境风险和柑橘果品质量安全风险。自然环境风险主要包括自然灾害、病虫害等。例如，2008 年 1～2 月的中国南方地区出现了罕见的持续性低温雨雪天气，造成了严重冻害，对中国柑橘业产生了巨大影响。大量的柑橘果树冻伤、冻死，柑橘生产设施和设备也遭受不同程度的破坏，各项经济损失近 50 亿元，同时对柑橘产量、价格、橘农生产成本、预期收益和出口都产生不同程度的影响；此外，还有近年来发生的柑橘黄龙病、柑橘"大食蝇"事件等。柑橘果品质量安全风险主要是指由于经济利益的驱使，橘农为了提高产量与收入在种植过程中违法使用禁用农药、滥用化肥、激素等导致柑橘质量安全问题。如为促使柑橘提前上市而实施早采、催熟和褪绿等手段。

（2）需求型突发事件风险。柑橘需求型突发事件风险来自于消费者对柑橘需求的突然改变，影响需求的主要因素包括价格波动、技术进步、信息失真等。首先，由于柑橘的消费容易受到自然条件、地区环境的影响，一旦市场需求突变可能会使得价格大幅波动，而供给无法与突变的需求相适应，最终导致产销失衡；其次，随着科技水平的日新月异，新的检验检疫技术和设备不断进步和更新及药物残留标准的提高，有可能检测出以往广受欢迎的农产品中含有超标有害残留物甚至致癌物质危害身体健康，从而导致该农产品滞销；最后，相关信息失真并大量传播会引发消费者的心理恐慌，甚至演变为影响广泛的公共事件，严重影响消费需求，如2008年的柑橘"大食蝇"事件就是由于信息传播失真最终导致消费者心理恐慌，不敢购买和食用柑橘，而导致柑橘大量滞销。

（3）运营型突发事件风险。柑橘具有易腐性、不耐贮存和区域性的特点，运营管理尤为重要。柑橘运营型突发事件风险主要来自物流风险和运营商的诚信缺失。柑橘对农产品产销链的配套物流服务有很高的要求。其物流过程包括储存、包装、运输、装卸、搬运、配送等环节，每一个环节都影响着果品最终销售的品质，所以需要建立一整套物流管理措施，利用配套设施和相关技术来保障物流过程的顺畅。但实际中很难做到所有环节间的有效衔接，一旦哪个环节出现衔接失误则可能导致柑橘损耗增加，品质受损。此外，由于保鲜型物流设施成本较高，运营商为了节约成本可能会对柑橘果品进行违规防腐处理，以从外观上延长其保鲜期。这种以柑橘果品质量安全为代价的手段也是柑橘运营型突发事件风险的主要因素。

7.2 突发事件风险的预警方法

7.2.1 情景分析法

情景分析（Scenario Analysis）最早起源于20世纪40年代末美国兰德公司对原子弹爆炸后效果的预测。1973年世界能源危机爆发，世界经济遭受重创，由于壳牌公司成功地使用情景分析法对危机的发生进行了准确的预测，因而免受影响并赢得了宝贵的发展机遇。此后，作为一种能应对不确定环境的灵活高效的预测分析手段，情景分析法开始迅速发展并广泛运用于各种领域。目前，情景分析法应用于金融投资、政治决策、交通规划、农业、环境评估、气候变化、军事等各个领域的研究。

情景分析法是通过假设军事、政治、经济、投资等多个领域未来可能出现的具有高度不确定性的各种事件情景，在分析其关键因素和发展趋势的基础上，详细分析事件发生的可能性、导致的后果和造成的影响，构想各种可行的应对措施来帮助决策者做出明智选择的方法。由此可见，当存在高度不确定性时，情景分析法是进行预测和决策的有效方法。突发事件的突出特征表现为发生概率低、信息不确定性和动态性，运用情景分析法能清楚了解突发事件存在的潜在危害性，正确预测事件的发展趋势，构建预警系统，设置目标状态，并设计实现目标的应对策略。

突发事件情景分析法就是从突发事件所处环境着手，在对突发事件进行情景信息检测和收集的基础上，将突发事件各阶段的情景要素进行深入分析并将其作为知识表示，通过对情景要素因果关系研究，找到突发事件发展的驱动因素和关键因子，分析预测其所构成情景的未来发展变化的特征与趋势，以便制定相应的应急方案来应对。其主要内容可以分为情景知识表示、情景关系网构建、情景预测三个阶段：①情景知识表示，根据相关信息管理网络，结合突发事件情景的主客观因素，对数据进行收集、整理筛选、对重要数据进行分析和匹配以获得情景要素，最后将获得的情景要素按照某一标准进行分类表示为情景知识；②情景关系网构建，是根据突发事件中每一个阶段的情景知识表示，来对突发事件中的情景要素间的因果关系进行分析，此外，还要根据突发事件的发展来对每一个阶段的情景之间的因果关系进行确定，最后将这些情景要素和情景之间的因果关系图描绘出来。情景网络构建过程中，要充分考虑从不同的角度形成情景关系网络，既要关注情景在时间和空间上的发展轨迹，从这两个维度构建情景因素之间的因果关系，又要仔细分析整个事件中各情景因素内在的逻辑关联，把中断的情景因素连接起来；③情景预测，根据情景关系网的构建，对其网络中的情景要素进行具体深入地分析，对下一个阶段可能发生的情景要素进行估计和预测。在情景估计和预测中，首先将样本数据进行统计分析，结合专家经验对其进行抽取，形成各情景要素的条件概率集；然后运用人工神经网络理论、模糊推理理论、贝叶斯网络理论、专家评估法等方法去估计和预测下一阶段各情景要素可能出现的状态概率，进而形成未来情景发展的基本架构。

7.2.2 案例推理技术

1982 年，美国耶鲁大学教授 Roger Schank 在其著作中首次提出了案例推理技术的框架和模型。作为一种基于知识的问题求解和学习方法的人工智能技术，它的出现引起了人工智能专家的高度重视。随着案例推理技术的逐步成熟和推广，目前已经在天气预报、医疗、金融、农业等诸多领域成功应用，逐渐成为一个解决各领域实际问题的实用型推理技术。案例推理技术的基本原理是以案例为基础进行推理，将以往的经验或知识制作成案例并建立案例库进行存储，出现新问题后，对案例库进行匹配检索以找到相似案例作为参考，重用此相似案例的应急方案。并将新问题与相似案例进行对比，在相似案例基础上对发生变化的要素进行调整和修改作为新案例纳入案例库，以实现经验的自学习过程。

在有关案例推理技术的过程模型中最经典、广为采用的模型是 Admodt 和 Plaza 提出的 R4 模型。R4 模型是将典型案例推理问题归纳为案例检索、案例重用、案例修正和案例保存 4 个过程，案例库中储存了大量根据已发生事件的处理经验和方案制作的案例，当新的事件发生时，从案例库中检索与当前事件相似度最高的案例；使用案例重用将案例库中检索到的事件解决方案作为新事件的参考解决方案；根据新事件和案例之间的特征差异采用案例修正得到新事件的最终解决方案；并将新事件和经修订的解决方法制成新案例保存到案例库中，以便案例库完成自学习过程。但是，该过程把案例的特征描述与解决方案组合在一起，无法对一些复杂性案例进行推理分析。基于此，在原有 R4 模型的基础上增加了案例表示的 R5 模型应运而生了。由于案例推理技术具备获取知识简捷、自增量学习、准确性高、直观性强的优点，近年来在突发事件应急决策领域得到重视与实践。

7.2.3 基于情景检索的突发事件案例推理模式及流程

案例推理技术在突发事件领域的成功应用需要大量的成熟案例作为其数据支撑，然而突发事件大都具备小概率和极大的不确定性，因此，如果将已发生的突发事件和应急措施直接组合作为储备案例，那么在新事件发生时就很难在案例库中检索到相似度高的案例，容易导致案例推理技术失去原有功效。因此，在进行突发事件应急决策时可以考虑将案例推理技术和情景分析法相结合，以案例推理技术为指导，将案例推理技术中的案例检索过程扩展为情景生成索引和预案检索匹配两个部分。由于突发事件往往可以分解成若干个相互联系的关键情景因素，在一定时期内一个情景一般处于相对稳定的状态，相对于整个突发事件不具有明显的特殊性，因此，将突发事件分解成关键情景输入案例库，利用相似情景进行案例检索，一方面使决策者在突发事件发生时可以以关键情景相似案例的检索为依据，参照其对应的应急方案，避免案例推理失效。另一方面随着案例库的不断丰富和完善，可以通过情景检索获取包含所有关键情景的多个案例，综合对比获取更多地案例特征和应对经验，能够充分了解突发事件特征并制定有效的应急措施。基于情景检索的突发事件案例推理技术的具体流程如图 7-1 所示：根据当前发生的突发事件，首先将其分解成若干关键情景按一定的表示方法进行情景表示并输入系统，再按照相应的检索算法设定阈值来检索与上述情景表示相似度高的情景，如果检索到匹配情景，返回包含相似度最高情景的案例，以该案例对应的突发事件特征和应急方案作为应对新的突发事件的参考和依据，并综合包含其他情景的案例信息作为新的突发事件制定应急方案；如果无法在案例库中检索到相似情景，

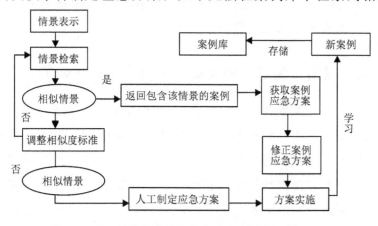

图 7-1 基于情景检索的突发事件案例推理技术流程图

Fig. 7-1 Emergency case-based reasoning technology flow chart based on scene retrieval

则可以通过调整检索标准大小进行第二次检索，第二次检索仍无法找到相似情景则应召集相关领域专家结合突发事件实际情况人工制定应急方案并付诸实施。最后，将新的突发事件和案例库中的原有案例进行比较，从情景表示、案例特征和应急方案 3 个方面进行调整和修正形成新的案例，存储到案例库中，以实现案例推理系统的自增量学习功能。

7.3 "情景—案例"型柑橘产销突发事件风险的预警原理

传统的预测预警方法大都是依靠概率估计的统计和计量方法模型，而柑橘突发性产销风险具有突发性和无规律性特点，必须根据其以前发生相似事件进行调整和推理来实现风险评估和预警管理，传统预测预警方法不再适用了。因此，基于情景检索的案例推理方法能够较好地甄别柑橘产销突发事件风险的警兆，对可能发生的突发性产销风险进行恰当的预警，从而有效地防范突发性产销风险给柑橘产业带来的巨大危害。

柑橘产销突发事件风险"情景—案例"型预警方法的原理主要是以案例推理方法为总体理论和技术框架，应用案例推理技术的过程模型 R4 和 R5，将案例推理基本框架扩充为情景生成索引和预案检索匹配两个部分，来对突发事件风险进行预警管理研究。一般包括以情景为节点的案例描述、情景检索和情景匹配及调整三个步骤。

7.3.1 以情景为节点的柑橘产销突发事件风险的案例描述

案例表示即对案例特征的描述是进行案例推理的基础，案例库中的所有案例都应该有关于其特征的详细准确描述，才能和突发事件进行对比匹配。案例表示的准确规范直接影响案例检索和案例匹配及调整两个环节的实施，也决定着案例推理结论的正确性。由于突发事件存在罕见性，为了避免其对案例推理系统的预警失效问题，可以采用分层索引技术，以情景为节点来对突发事件风险进行案例描述。因此，对柑橘产销突发事件风险进行规范化描述时应首先将案例组织结构划分为类别层、案例层和情景层。然后对突发事件特征、应急方案和应急效果进行描述。

（1）柑橘产销突发事件特征描述。柑橘产销突发事件特征描述是对突发事件发生、发展、演化过程中各个阶段的情景信息的描述，包括产销突发事件情景的所有特征属性，检索相似情景时需要使用其中的检索特征属性。依据突发事件案例的收集整理及突发事件情景知识表示的内容，特征描述主要包括：事件编号、事件类型、风险程度、事件时间、地点、原因、典型表现、发生阶段、影响对象、影响程度等。根据前述分析可知柑橘产销突发事件风险的基本类型有：生产型突发事件风险、需求型突发事件风险、营运型突发事件风险；风险程度一般可以由低到高分为 5 级：极低风险、较低风险、一般风险、较高风险、极高风险；当在案例库增加新案例时，可以根据需要适时适度增加规范性描述的类别和范围等要素以使情景—案例描述尽可能详细准确。我们以柑橘"大食蝇"事件为例来构建突发事件的特征描述，具体见表 7-1。

表 7-1　柑橘产销突发事件的案例描述

Table 7-1　Emergency case description of citrus production and sale

序号	特征因素	说明	柑橘"大食蝇"事件的规范性描述
1	案例编号	案例库中储备案例的编号	1
2	事件类型	生产型突发事件风险；需求型突发事件风险；营运型突发事件风险	生产型突发事件风险、需求型突发事件风险
3	风险程度	5 级：极低、较低、一般、较高、极高	极高
4	发生时间	产销突发事件发生时间	2008 年 9 月 22 日
5	发生地点	突发事件发生的地点	四川省广元市
6	原因	导致突发事件风险发生的直接原因	柑橘"大食蝇"病虫害、媒体传播信息失真
7	典型表现	风险表象	生产环节：柑橘大食蝇蛀果；销售环节：消费者恐慌、柑橘滞销
8	发生阶段	生产阶段、销售阶段、营运阶段	生产阶段、销售阶段
9	影响对象	农户、批发商、零售商、消费者	农户、批发商、零售商、消费者

续表

序号	特征因素	说明	柑橘"大食蝇"事件的规范性描述
10	实际后果	对产销链各环节造成的损失	橘农收入下降 20%，经销商亏本，柑橘罐头出口检验门槛提高等
11	应急方案	风险产生后采取的处理措施	1. 加大宣传力度，消除消费者的恐惧心理 2. 成立应急专班，对内加强疫情的监控和排查、对外通过权威渠道发布真实信息。实时掌握柑橘主产区采收状况、销售进度、市场价格波动情况，并据此制定相应的应急预案并监督实施 3. 主产区政府和相关果业部门领导及工作人员应组织并指导橘农做好滞销柑橘的保鲜储藏，积极联系各地柑橘批发零售商、保持产销渠道畅通，帮助橘农解决柑橘滞销问题 4. 及时控制并消灭疫情，组织各主产区当地的植物检验检疫机构对疫区柑橘果树疫情进行深入排查，对已发现的疫情及时消灭并做善后处理，此外还要加强柑橘果实、种苗运输过程中的检疫
12	应急效果	善后处置、应急反馈和事件调查总结	1. 对已发现大食蝇的柑橘果树，采取摘除和拾捡感染果实，并对其进行绿色处理，对受损失橘农进行适当补偿 2. 对大食蝇事件进行深入调查，有效管理媒体，加强信息监控，形成危机预警，避免再次出现以讹传讹

注：以 2008 年 9 月 22 日发生的柑橘"大食蝇"事件为例

（2）柑橘产销突发事件应急方案与应急效果描述。柑橘产销突发事件的应急方案和应急效果是根据前面的事件特征描述检索到相似情景后用于新事件应急决策的经验依据，这是产生新的应急方案的参考和基础，也就是对突发事件的应急处置措施、后期处置工作及其信息反馈。下面以柑橘"大食蝇"事件为例来构建突发事件的应急方案与应急效果描述，具体见表 7-1。

7.3.2　柑橘产销突发事件风险的情景检索

当柑橘产销突发事件风险（新案例）发生时，产销突发事件案例情景库会将新事件情景与案例情景库中存储的数据进行检索。应用在案例推理系统中的检索方式主要有三种。第一种是最近相邻法，该方法主要是通过类似多元统计中判别和聚类分析的距离来计算情景之间的相似度，相似度最高的情景即为匹配情景。比较适合情景特征属性是数值型变量的情况。第二种是归纳推理法，提取情景间最主要的属性特征上的差异，并根据这些特征将案例情景进行分类并形成树状、网状、链状的组织结构，然后应用决策树的搜索方式找到最佳匹配案例，比较适合于案例情景特征互不相关的情况。第三种是知识引导法，根据已有的常识和经验来确定情景检索时最重要的案例情景特征，并根据各个情景特征的重要性大小对其属性赋权，并根据权重大的案例情景属性特征来组织和检索，比较适合于知识完善的案例推理系统。一般来说，检索方法单独使用的效率比较低，因此可以考虑将多种检索方法组合使用，因此考虑到柑橘产销突发事件风险的特殊性，事件情景特征属性多数可以进行赋值量化，我们提出以最近相邻法为主辅以归纳推理法，检索出最匹配的案例情景。首先在特征因素中找到权重较大的比如"事件类型"和"受影响主体"两个特征描述来检索匹配情景，再从匹配情景中根据权重较小的特征如"程度""发生阶段"来检索匹配情景记录，如果没有完全匹配的情景记录，则再按照和事件发生的时间地点比较接近的标准从中挑出最匹配的情景记录。"实际结果"这一特征因素可以作为对突发事件风险进行初步估计的结果。

在情景检索时最为关键的是相似度的计算，直接决定匹配方案的选择。以反映突发事件与案例情景库中储备案例情景两个模糊集的相似程度的模糊算法作为相似度的计算方法，具体步骤如下：

首先，计算隶属度，设案例情景库中有 n 个案例情景 C_i （$i=1$，2，3，…，n）其特征因素集为 $F=\{f_j，j=1，2，3，…，m\}$，则 $\mu_{c_i}(f_j)$ 表示案例情景 C_i 的特征因素 F 对应的隶属度；

其次，计算近似度，A，B，$C\in\phi(U)$，若映射 N：$\phi(U)\times\phi(U)\rightarrow[0，1]$，满足条件：

（1）$N(A，A)=1$；（2）$N(U，\phi)=0$；（3）$N(A，B)=N(B，A)$；（4）若 $A\subseteq B\subseteq C$，则 $N(A，C)\leqslant N(A，C)\wedge N(B，C)$

设

则：

$$N(A,B) = \frac{\sum\limits_{j=1}^{m}(\mu_A(f_j) \wedge \mu_B(f_j))}{\sum\limits_{j=1}^{m}(\mu_A(f_j) \vee \mu_B(f_j))} \tag{7-1}$$

式中，N（A，B）为模糊集 A 与 B 的相似度，N 为 ϕ（U）上的近似度函数。

最后，进行赋权。由于案例情景的每个特征因素都对案例相似匹配产生不同程度的影响，因此，在相似度计算中应根据影响大小对每个特征因素进行赋权，令 F＝｛f_j，j＝1，2，3，…，m｝的权重为｛w_j，j＝1，2，3，…，m｜$\sum^m w_i = 1$｝；

$$N(A,B) = \frac{\sum\limits_{j=1}^{m}w_j(\mu_A(f_j) \wedge \mu_B(f_j))}{\sum\limits_{j=1}^{m}w_j(\mu_A(f_j) \vee \mu_B(f_j))} \tag{7-2}$$

如果将案例情景库中的每一个案例情景自成一类，则案例 C_i（i＝1，2，3，…，n）在特征因素为 f_j 时隶属度为 μ_{c_i}（f_j）；

$$\mu_{c_i}(f_j) = \frac{\mu_{c_1}(f_j) + \mu_{c_2}(f_j) + \cdots + \mu_{c_n}(f_j)}{n},$$

$$\sigma(f_j) = \sqrt{\frac{\sum\limits_{i=1}^{n}(\mu_{c_i}(f_j) - \mu_{c_i}(f_j))^2}{n}}$$

则 $\qquad w_j = \dfrac{\sigma(f_j)}{\sum\limits_{j=1}^{m}\sigma(f_j)}(j = 1,2,3,\cdots,m)$ $\hfill$ (7-3)

7.3.3 柑橘产销突发事件风险的情景匹配和调整

通过情景检索，将相似度最大的案例情景作为柑橘产销突发事件风险的匹配情景，然后进一步结合情景属性判断是否属于完全匹配状态。如果属于完全匹配状态，采用案例情景库中存储的预警方案和解决办法进行处理；如果属于不完全匹配状态，则可借鉴案例情景库中已存储的最相似的应急方案，并请相关领域专家根据新案例的影响程度、波及的范围和事件发生的时间等方面特征在旧案例基础上进行调整和修正。同时将修正后的案例情景解进行专门评估，将评估通过的案例情景解存储在数据库中，作为以后类似突发事件的新匹配案例情景使用。

　　由于柑橘产销突发事件属于单一品种农产品突发事件，在构建案例情景库时可能会出现案例情景数量少，类型缺乏的问题，此时可以参考同类型农产品，如香蕉、苹果等水果类农产品，整合其发生的产销突发事件将其纳入案例情景库，在发生新事件时如果找不到柑橘品种的匹配案例情景，也可以用匹配同类型农产品产销突发事件案例情景进行预警和应急管理。

7.4　柑橘产销突发事件风险的预警流程

　　根据柑橘产销突发事件风险"情景—案例"预警原理，可以初步建立柑橘产销突发事件风险的预警系统，该系统由数据采集、风险识别与评估和风险预警三部分组成，其进行风险预警的一般流程如图 7-2 所示。

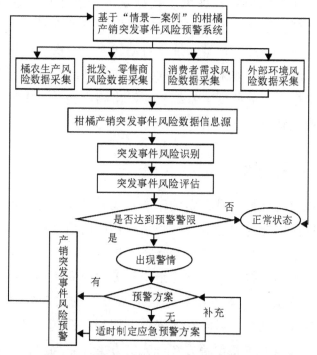

图 7-2　柑橘产销突发事件风险的预警流程图

Fig. 7-2　Early warning flow chart of emergency risk in citrus production and sale

7.4.1　数据采集

数据库是进行预警分析的基础，柑橘产销突发事件风险预警系统的建立是以案例推理技术为核心，案例推理中案例库的建设和后期的检索需要大量的数据支持，因此预警流程的第一个重要环节就是进行数据采集，产销突发事件风险预警系统需要收集产销链各个节点和外部环境的相关数据，具体包括：农户生产风险数据、批发零售商风险数据、消费者需求风险数据及外部环境突变风险数据。

7.4.2　风险识别与风险评估

首先将采集到的生产风险、批发零售商风险、消费者需求风险和外部环境风险数据输入产销突发事件风险预警系统中形成风险信息源，再通过突发事件风险识别和突发事件风险评估模块中的预警指标和预警模型进行对比分析，判断收集到的各种风险数据是否达到已设立的预警指标的警限。如果未达到警限值，说明该风险不大属于正常水平，可以不用采取任何预警方案来应急处理，预警系统将自动转入下一次的预警分析，继续实时更新各类风险数据；如果收集到的风险数据已经达到甚至超过了预警指标的警限，根据设置的警度，系统就会发出相应轻警、中警、重警的各级警示，进入警戒状态。

7.4.3　风险预警

根据相似度的计算结果在案例库中查找有最佳匹配案例及相关预警方案，如果有完全匹配的预警方案，则采取相应的消警措施，当风险降低到安全状态时，预警系统重新回初始状态，进行新一轮预警分析；如果系统中没有基本匹配的预警方案，则应组织相关领域专家和政府部门管理者紧急制定新的应急预警方案，并对应急预警方案的实施效果进行监测和评估，如果消警效果理想，风险有效降低并回到产销基本平衡状态，就应在系统数据库添加新的应急预警方案，充实方案库，同时预警系统回到初始状态。

7.5　柑橘产销突发事件风险的预警对策

柑橘的产销链管理目前还处于较为原始和落后的状态，这使得突发事件风险对其造成的危害程度极大，有可能导致其整条产销链中断或崩溃，所以对于突发事件风险采取适当及时的预警对策尤为重要，处于产销链条上的生产、运营、销售各个环节应该有效联合，共同推进产销突发事件风险预警系统的构建。

7.5.1　建立完善的预警制度

建立一套完善的突发性产销风险预警制度是构建预警系统的前提。鉴于中国柑橘产业现状，笔者认为应建立以农业部为核心，各柑橘主产区相关政府部门、果业局、柑橘产业技术体系各功能研究室、试验站为骨干的组织机构，联合统计、贸易和大型农贸市场等有关部门构建完整的柑橘产销预警机构，并根据需要制定权责分明的管理体制，收集有关的柑橘产销预警信息。定期与不定期举行会议，讨论并明确柑橘产销预警机构体系建设的总目标、主要内容及工作分工，对预警机构体系建设进行规划。同时对常规性柑橘产销和突发事件的警情、警兆进行动态把握，出具权威性预警、预测报告。

7.5.2　建立科学的信息采集制度

以案例推理技术为核心的预警案例库的建设是产销突发事件风险预警的基础，没有案例数据何谈预警，因此必须建立一套科学的信息采集制度。一是要建立数据信息采集规范。明确柑橘产销突发事件风险信息的内涵，确定数据信息采集的范围和时间及频率，建立标准化数据库提供数据支持；二是确立合理的数据监测点。根据柑橘自身的品种特性、气候状况、土壤环境、供求关系、预期价格、农业生产资料供给与价格，以及柑橘的主产区和销售市场的分布情况，在充分分析论证和权衡各因素的基础上，选择设立合适的数据监测点。

7.5.3 加强信息的有效共享

柑橘产销链上各环节做到信息的有效传播与共享，可以显著降低突发性风险对产销链上各节点的整体影响。预警工作本身是一个信息化工作，它需要建立相应的信息化平台供预警信息的生成和发布及传递使用。在突发事件发生时，农户、运营商、消费者可以根据权威的预警平台提供的准确、及时的信息对突发事件产生的类型、造成的可能结果进行准确判断，并根据预警系统中存储的应急措施对突发事件的发展进行合理控制，减少突发事件带来的不利影响和严重损失。此外，还应该加强对媒体的信息传播监控，避免谣言或不实宣传的出现，减少羊群效应和传染效应的出现。

7.5.4 联合制定应急预案

柑橘产销链上各个环节在面对突发事件风险时，是一个集成化的系统。当突发风险发生时，产销链上任何一个环节都会被波及，任何一个节点上处理不当，都会造成一系列的恶果，影响整个产销链的正常运行。所以产销链中的生产、运营、销售各环节应共同制订一个完善的突发事件风险防范计划和应急预案来共同应对和协调控制突发事件风险，从而有效降低突发事件给整个产销链带来的损失。

7.6 结论与讨论

柑橘产销突发事件风险预警是柑橘预警系统构建中的重要一环，在各类突发事件频发的农业大环境下，柑橘产业不可避免会遭遇到自然灾害、病虫害、环境污染、产品质量问题、价格巨幅波动等突发事件影响，而突发事件会对柑橘的生产、销售和运营带来风险并造成无法预估的损失。基于此，适时构建合理的柑橘产销突发事件预警体系，能够将突发事件对产销各环节的损害降到最低，避免橘农、消费者、经销商乃至整个柑橘产业受到严重打击。

本章根据情景分析法和案例推理技术，设置了基于"情急—案例推理"原理的柑橘产销突发事件预警系统，主要结论如下：

（1）根据柑橘产销链特点及突发事件风险的常见诱发因素，可以将其大致分为生产型突发事件风险、需求型突发事件风险和运营型突发事件风险三类。

（2）根据情景分析法和案例推理技术，将柑橘产销突发事件风险的案例推理过程分为情景描述、情景检索和情景匹配及调整三个步骤；首先，应该在建立柑橘产销突发事件风险数据库时就应该做情景描述；其次，利用最相邻法辅以归纳法对情景进行检索，在其中对于检索关键指标相似度采用模糊计算法；最后，将相似度最大的情景作为柑橘产销突发事件风险的匹配的情景，并判断匹配程度，并对案例进行修正和调整。

（3）结合"情景—案例"预警原理，建立的柑橘产销突发事件风险的预警流程，包含风险数据采集、风险识别和风险评估、风险预警三个预警子系统。首先，规范化描述果蔬类农产品突发性产销风险特征，其次，将风险特征值与案例库进行匹配，评估风险大小，最后选择适当的预警方案进行适时预警。最后，针对柑橘的产销链管理目前还处于较为原始和落后的状态提出了相应的预警对策，应加强有效地预警制度、预警信息采集制度的建立，还应该建设好信息共享平台，并联合制定应急预警方案。

此外在实际运用柑橘产销突发事件预警系统的过程中，由于柑橘产销突发事件属于单一品种农产品突发事件，在构建案例库时可能会出现案例数量少，类型缺乏的问题，此时可以参考同类型农产品，如香蕉、苹果等水果类农产品，整合其发生的产销突发事件将其纳入案例库，再发生新案例时如果找不到柑橘品种的匹配案例，也可以用匹配同类型农产品产销突发事件案例进行预警和应急管理。还需要根据实际情况予以不断地修正、补充和完善，从而有效降低柑橘产销突发事件风险造成的损失和影响范围，为柑橘乃至其他品种农产品产销过程中突发事件风险预警提供了一定的借鉴。

第8章 柑橘产销预警软件的设计与实现

在完成柑橘产销预警指标体系、统计预警分析、景气指数预警分析、BP神经网络模型、组合模型预警分析及突发事件风险预警管理后，本章在柑橘产销预警的理论、方法、模型研究基础上，研发出监测预警软件来对柑橘产销预警系统的应用搭建平台，给柑橘产销链上各环节信息使用者通过软件能获取及时、准确的预警信号，以降低或避免产销风险带来的损失，最终实现预警功能。柑橘产销预警软件设计与实现是利用软件技术将具体的柑橘产销预警的理论方法和模型分析软件化，并且为预警信息使用者提供友好的用户界面，使得预警指标体系、警度和警限、预警指数和预警模型的使用简捷明了，更好地支持中国柑橘产销问题的分析与决策。

8.1 柑橘产销预警软件的设计目标和设计原则

8.1.1 设计目标

柑橘产销预警软件的主要设计目标包括：①能够灵活高效、方便快捷地管理柑橘的生产和销售数据信息；②能够完整实现各类预警算法，软件具有良好的可扩展性；③简捷的预警数据添加、删除、修改功能；④强大的预警数据查询与导入、导出功能。

8.1.2 设计原则

中国柑橘产销预警软件的设计与开发主要是为了能够及时发布预警信

息，为产销链上各环节提供有关柑橘生产、销售的决策支持。该软件基于面向对象的编程思想进行设计，适合用 C 语言进行开发。由于预警分析模块需要实现一些复杂的数学运算，适合用 Matlab 软件进行操作。基于此，最终确定由微软公司设计开发并广泛使用的 Windows 平台应用程序开发环境 Visual Studio 2010 与 Matlab 2012a 混合编程实现。该软件的设计原则主要包括易操作性原则、面向对象编程原则、通用性原则和可维护与可扩展性原则。

（1）易操作性原则。预警软件应该是易于操作和方便使用的，使用者能够理解和学习使用这个软件，在使用者点击相应的功能模块时，能够快速地反应，减少使用者的等待时间。

（2）面向对象编程原则。预警软件从两大层面来划分：后台主要划分出了数据对象、预警算法对象、用户对象；前台主要划分出了界面对象。面向对象编程能提高软件设计和开发的效率及质量。

（3）通用性原则。本着面向对象编程思想，整个预警软件的整体架构和设计都尽量满足组件可复用原则，这样一方面可以降低软件的维护成本，另一方面还可以使软件的可扩展性得到强化。因此，在整个预警软件的设计开发过程中，重构贯穿始终，并紧紧围绕通用性原则和复用原则来进行。

（4）可维护性与可扩展性原则。预警软件设计和开发初期，主要是一种探索性研究，很难兼顾各种因素的影响，随着软件的使用和用户的反馈等，可能需要添加新的预测预警功能和模块对软件进行动态更新，这就要求软件具有良好的可维护性与可扩展性。

8.2　柑橘产销预警软件的总体框架

柑橘产销预警软件本着易操作性原则、面向对象编程原则、通用性原则和可维护性与可扩展性原则，进行了相应的系统架构。系统架构主要包括技术框架和技术分层及功能模块。

8.2.1　总体架构

柑橘产销预警软件的总体架构主要包括技术框架和功能模块两个主体

部分。用户首先通过该软件用户界面发出请求，预警软件的界面层接收用户请求并进行处理，该请求通过界面层后到达预警软件的后台，后台核心应用层接受用户请求后进行业务逻辑的处理，与此同时，核心应用层还将与后台数据库之间进行交互，最终用户请求响应完成。这一过程主要实现了指标数据的读取、指标数据的写入和指标数据的显示。具体架构如图 8-1 所示。

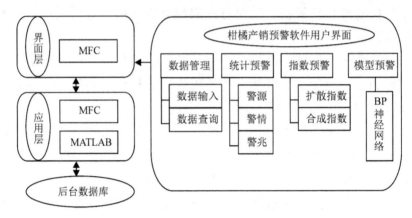

图 8-1　柑橘产销预警软件的总体架构

Fig. 8-1　The general framework of citrus production and sale early warning software

图 8-1 中用户界面中显示的是软件需求对应的各个功能模块，主要包括数据输入模块、统计预警模块、指数预警模块和模型预警模块。统计预警模块中主要包含了警情指标年（月）度警度、警限的确定；警兆指标年度警度、警限的确定；警兆指标预警检验。指数预警模块包括扩散指数预警和合成指数预警。模型预警模块主要包括 BP 神经网络预测预警和组合模型预测预警。此外还包括数据查询、返回主界面等功能模块。

8.2.2　后台系统架构

后台系统架构是预警软件核心应用层的关键所在。本软件中，主要采用了微软基础类库（MFC）框架体系和商业数学软件 Matlab。微软基础类库（MFC）是由微软公司提供的由 C/C++在面向对象的可视化编程的类库，以 C++类的形式封装了 Windows API，消息（包括数据）在各个类之间传递有严格的机制。为减少应用程序开发人员的工作量它还自带了一个应用程序框架。Matlab 是目前应用最广泛、最先进的商业数学软件，由美国 MathWorks 公司负责开发。该软件包括了解技术计算语言 Matlab 和基于模型的设计软件 Simulink 两大部分。主要可以将数值分析、矩阵运算、科学数据可视化及非线性动态系统的建模仿真等诸多强大功能集成在一个容易使用的视窗环境中。总体而言，它具有以下优势：①高效的计算功能，Matlab 是世界三大数学软件之一，具有对数值和符号进行高速计算的功能，能够帮助用户处理大量的复杂数学运算，从而有效缩短了计算的时间，提高了计算的效率；②完备的图形处理功能，Matlab 软件在进行数据分析时，不仅能绘制和处理常规的二维图和三维图，还可以绘制四维图，并且可以事先对图形的光照和色度进行处理。此外画图时还可以对图形进行标注和打印。这些功能极大地满足了用户的不同需求；③友好的用户界面，Matlab 软件具有友好的用户界面，语言表达和通用的数学表达式十分接近，用户在学习和使用软件的过程中能够迅速入门并深入理解和掌握软件的操作；④功能丰富的应用工具箱，Matlab 软件在各个领域都有广泛使用，这是由于软件设计团队中有许多相关领域的专家，他们针对该领域专门开发功能强大的模块集和工具箱。用户在使用软件时可以直接使用工具箱来进行操作而不需要自己编写源程序，深受用户喜爱。

8.2.3　前端系统架构

前端系统架构是预警软件界面层的核心，本软件中主要使用 MFC 作为界面层的基础框架。MFC 是面向个人应用开发的界面框架，它的特点是快速高效，便于使用。在前端系统中主要采用了 MFC 模型，以及大量用到 MFC 中的图形界面类库（CWinApp，CSingleDocTemplate，CWnd）。我们能将界面系统和后台系统很好地对接，在传统的其他编程模型中，前端和后端的交互往往需要通过耗费大量的人力来进行页面的编写和页面功能的封装等。但是，这种编程模式可以在定义好后端数据格式的同时就在前端页面中进行完整显示。

另外，本软件中大量用到 MFC 的图形界面库，这些界面库直接封装了大量的图形显示功能，如鼠标点击事件、形成图形曲线等。利用这些成熟稳定的组件能大大加快软件设计和开发的速度。

8.3 柑橘预警软件模块的功能和操作

如前所述，柑橘产销预警软件包括 5 个功能模块：数据输入模块、统计预警模块、指数预警模块、模型预警模块和数据查询及返回模块。下面将主要从模块角度来对整个软件的主要功能和操作进行具体说明。

8.3.1 数据输入

数据输入功能是指通过《中国统计年鉴》《中国农业统计年鉴》《全国农产品成本收益资料汇编》、国际粮农组织（FAOSTAT）、联合国商品贸易统计（UN comtrade Statistics）及中华人民共和国国家统计局数据库（http：//data.stats.gov.cn/index）等途径采集数据，并将数据转化为软件所需的增长率标准格式存入数据库中的过程。预警软件的基础数据主要有：警情指标、供给警兆指标、需求警兆指标和供求环境警兆指标，具体数据输入界面如图 8-2 所示。此外，该模块还含有突发事件中的情景描述、应急方案和应急效果等的案例库的输入功能，目前此功能尚在建设中。

图 8-2 预警数据输入界面

Fig. 8-2 Early warning data input interface

8.3.2 统计预警模块

统计预警模块是柑橘产销预警软件的核心功能模块之一，主要包含先行警兆指标警限和警度及警情指标警限和警度的确立两个部分。其中，警情指标警度和警限的确定是区分年度和月度指标分别进行的，针对年度警情指标采用统计方法、系统方法分别确定其警限和警度，再根据综合原则确定最终的警限和警度，并设计预警信号灯对预警结果进行直观显示。具体操作过程就是在数据输入后，点击界面菜单显示的统计预警模块中的"年度"指标包含的"统计方法""系统方法""方法对比"，即可方便快捷地得到预警结果。

针对月度警情指标采用风险价值法进行警限和警度的确立，并对预警结果以类似交通信号指示灯形式来显示。具体操作过程就是在基础数据输入后，依次点击界面菜单显示的统计预警模块中的"月度"指标包含的"价格风险的概率分布拟合""极大似然估计""@risk7.5 数理分析"三种方法，可得到警限和警度确立的中间结果，最终点击"指标警限和警度"，即可生成预警结果表。

另外，根据警兆指标和警情指标间的高度相关性，在得出警情指标的警限和警度后可以采用反射原理来确定先行警兆指标的警限和警度。然后将预测预警结果和实际结果进行对比以检验警兆指标预警的准确性。

8.3.3　指数预警模块

指数预警模块也是柑橘产销预警软件的核心模块之一，它包含了扩散指数预警和合成指数预警两个部分，主要是对柑橘产销进行中长期预警。首先根据已有的柑橘产销预警指标体系中的先行、同步、滞后警兆指标，进行非负处理；然后利用熵权法确定各指标权重后，分别计算先行、同步、滞后扩散指数序列和合成指数序列，再将指数序列描绘在同一图中，确定柑橘产销波动周期。具体操作过程就是在数据输入后，首先选择界面菜单显示的指数预警模块中的"扩散指数"或"合成指数"模块，然后选择"先行、同步、滞后扩散（合成）指数序列"模块，最后选择"扩散（合成）指数序列对比"模块，即能得出最终所需指数预警序列图。

8.3.4　模型预警模块

模型预警模块也是柑橘产销预警软件的核心模块之一，它主要是运用

BP 神经网络模型对柑橘产销进行年度预测预警及运用组合模型对柑橘产销进行月度预测预警。首先根据已有的柑橘产销预警指标体系中的先行警兆指标和警情指标，结合统计预警中生成的警限和警度，设置输入和输出变量，进行数据标准化处理后就可以利用软件中嵌入的 Matlab 2012a 进行 BP 神经网络模型的训练和预测，以最终获取模型预警结果。具体操作过程就是在数据输入后，先点击界面菜单显示的模型预警模块中的 BP 神经网络，再点击年度即能得出最终所需 BP 神经网络模型的训练过程和训练结果图。此外，除年度选项外还有月度选项，主要是为后期增设分品种组合模型短期预测预警功能的实现而设置的选项，目前尚未开放此功能。

8.3.5　数据查询模块

柑橘产销预警软件中还设置了数据查询模块，根据种类和时间的选项可以分别查询不同种类不同时间的指标值，数据查询的结果不但可以帮助软件用户认识柑橘产销问题，而且为各预警模块分析提供了原始数据。其具体功能运行过程与结果如图 8-3 和图 8-4 所示。

图 8-3　数据查询的功能运行图

Fig. 8-3　The function diagram of data query

图 8-4　数据查询的运行结果图

Fig. 8-14　The result diagram of data query

8.4　结论与讨论

中国柑橘产销预警软件的设计与实现是在第 6 章柑橘产销预警分析的基础上，利用软件技术将具体的柑橘产销预警的理论方法和模型分析软件化，为用户提供预警信息使用的过程。本章主要从软件设计目标和原则、总体框架和功能与操作三个方面来进行介绍。

（1）预警软件的设计目标和设计原则。主要设计目标包括：能够灵活高效、方便快捷地管理柑橘的生产和销售信息；能够基本完整地实现各类预警分析方法，软件具有良好的可扩展性；能够多维度查询数据并对数据进行实时添加、删除和修改。主要设计原则包括：易操作性原则、面向对象编程原则、通用性原则、可维护性与可扩展性原则。

（2）预警软件的总体框架。预警软件的总体架构主要包括技术框架和功能模块两个主体部分。用户首先通过预警软件的用户界面发出指令，软件的界面层对指令进行接收和处理，该请求通过界面层后到达软件的后台，后台核心应用层接受请求后进行业务逻辑的处理，与此同时，核心应用层还将与后台数据库进行交互，最终用户请求响应完成。核心应用层的后台系统架构主要采用了微软基础类库（MFC）框架体系和商业数学软件 Matlab；界面层的前端系统架构主要使用 MFC 作为基础框架。

（3）预警软件的模块功能与操作。柑橘产销预警软件包括 5 个功能模块：数据输入模块、统计预警模块、指数预警模块、模型预警模块和数据查询及返回模块。统计预警模块中，主要包含了警情指标年（月）度警度、警限的确定及先行警兆指标年度警度、警限的确定；指数预警模块包括扩散指数预警和合成指数预警；模型预警模块主要包括 BP 神经网络预测预警和组合模型预测预警。该预警软件基本采用智能向导的方式帮助用户和系统进行交互。

此外，由于该软件还处于初步设计和试用阶段，因而有一些功能如分品种进行组合预测预警、产销突发事件案例库等还在建设中无法使用，未来需进一步改进和完善，以实现所有预警功能的应用。

第9章 研究结论与政策建议

近年来，中国柑橘产业驶入了发展的快车道，目前已经成为福建、广东、浙江、江西、湖南、湖北、广西、四川、重庆等八省一直辖市农村经济发展和农民增收的主要手段，同时也为满足国内外消费者日益增长和变化的消费需求及扭转国内贸易逆差做出了重要的贡献。由于市场化改革进程的推进，市场信息对柑橘生产和销售越来越重要。千家万户的小生产面对千变万化的大市场，往往会因为市场供求信息的不对称和橘农决策的趋同性，导致一哄而上、一哄而下，任由生产者"逢贵就赶，逢贱就砍"，使柑橘生产和销售大起大落。对柑橘生产、销售的信息化进行探索，研究建立柑橘产销监测预警系统，为橘农、加工企业及其他经济组织的经营决策提供信息服务也已经刻不容缓了。本书将经济学理论、农产品贸易理论、经济预测与预警理论和计量经济学模型、智能预测模型、统计分析技术相结合，主要在对中国柑橘产销现状和影响因素进行了总结和分析的基础上建立了柑橘产销预警指标体系；利用统计预警、指数预警和模型预警对柑橘产销进行综合预警分析；针对产销突发事件风险建立"情景—案例"型预警系统；在预警分析的基础上对柑橘产销预警软件进行了设计与实现。

9.1 主要研究结论

通过对第4章至第8章的实证分析，得到如下研究结论：

（1）由中国柑橘生产和销售的历史及现状的分析得出，中国柑橘产量高、种植面积大，但由于小规模分散经营和种植技术及果园管理手段落后，导致单位面积产量低下，大大落后于美国、巴西等柑橘主产国，甚至低于世界平均单产水平；中国的柑橘成熟期比较集中，供应期结构不合理，柑橘品种结构尚需进一步优化；中国柑橘采后处理、加工环节还处于较低水平；中国柑橘产业化程度不高，缺乏具有高品牌知名度的柑橘产品；国内柑橘鲜销是柑橘销售的主力军，柑橘出口比例较小，而且国内市场销售阻力大；由于信息不对称，橘农风险意识薄弱，导致宏观经济和突发事件等极易影响柑橘的生产和销售。以上柑橘产销的现状使得"卖橘难"已经成为中国柑橘产业的常态问题，柑橘产销矛盾日益突出，这势必会直接影响橘农的收入，很大程度上打击其生产柑橘的积极性，不利于整个柑橘产业的稳定发展。影响柑橘产销的主要因素来源于国内外的供给和需求及政策环境等各个方面：技术落后、生产不规模导致柑橘单产低下、果品质量不佳；柑橘结构性过剩导致柑橘鲜果销售困难；柑橘加工能力相对薄弱严重制约了柑橘消费的增长；橘农抗风险意识和能力较差导致柑橘产销波动加剧；水果消费结构、消费水平和消费能力发生了新的变化影响国内柑橘消费需求；柑橘的产销对接不畅导致"卖橘难"问题频现；柑橘果品品质不高，品牌建设滞后影响销售；国际贸易形势的不利变化影响出口需求等。了解了柑橘产销的影响因素即是为柑橘产销预警工作进行了初步警源辨析，是预警的初始环节。

（2）根据影响柑橘产销的国内外的供给和需求及政策环境等各个方面因素，分析设置了柑橘产销预警指标体系，明确了影响中国柑橘产销的警情指标、警源指标和警兆指标及各预警指标的时滞作用，为进一步进行柑橘预警工作，实现柑橘产销预警系统的构建奠定了基础。首先，根据分析确定了以柑橘生产者价格增长率作为柑橘产销的警情指标；其次，从自然警源、外生警源和内生警源三方面分析了柑橘产销警情产生的原因；再次，根据警情和警源指标设置由 16 个警兆指标构成的警兆指标体系，包括柑橘种植面积增长率、农业机械总动力增长率、受灾面积增长率、农业生产资料零售价格指数、城镇居民人均可支配收入增长率、农村居民人均纯收入增长率、城镇居民人均水果消费量增长率、人口自然增长率、柑橘出口量增长率、通货膨胀率、有效灌溉面积增长率、农业支出占财政支出比重、苹果生产者价格增长率、柑橘单产增长率、柑橘平均每亩生产成本增长率和柑橘进口量增长率；最后，经过时差相关分析、聚类分析和峰谷分析3种方法的综合判断得到影响柑橘生产者价格变动的8个先行指标、5个同步指标及3个滞后指标。此外，在运用柑橘产销预警指标体系的过程中，还需要根据实际情况不断地予以动态修正、补充和完善，以便与中国柑橘产业的发展时期和环境相适应。

（3）在构建柑橘产销预警指标体系的基础上进行了由统计预警、指数预警和模型预警组成的柑橘产销综合预警分析。统计预警分析主要是对柑橘产销警情指标和警兆指标分别设立警限和警度，并建立预警信号灯系统来对产销情况进行预测预警。对于年度警情指标警限和警度的设立是将多数原则、少数原则、半数原则和物价原则的结果在专家经验判断下综合确定，并在此基础上，根据映射法对先行警兆指标的预警警限、警度进行了同步设定，并对8个先行警兆指标的预警有效性进行了检验，其中有效的先行警兆指标为柑橘单产增长率、柑橘平均每亩生产成本增长率、农业机械总动力增长率、柑橘进口量增长率、农业生产资料零售价格指数。而月度警情指标警限则是首次使用了风险价值法（VaR）进行确定，根据警限区间对警度进行对应设定，并建立了预警信号灯系统。

（4）指数预警分析主要是以熵权法确定权重的扩散指数和合成指数法为编制方法，分别对先行警兆指标、同步警兆指标和滞后警兆指标测算出了3种不同类型的扩散（合成）指数序列。其中，同步指数与警情指标的波动周期基本一致；先行指数均有1～3年的先行期，具备稳定的先行预警性，较好地预测了柑橘产销的景气转折点和波动幅度；滞后指数有1～3年的滞后期，能反映柑橘产销的时滞情况。

（5）模型预警针对年度数据和月度数据分别使用了BP神经网络模型和组合预测预警模型。其中，年度警情指标的预测预警结果较准确地拟合出了柑橘产销风险的实际情况，表明BP神经网络对柑橘产销风险进行预测预警是有效的。月度警情指标的组合预测模型的预测误差均小于单项预测模型的预测误差，表明组合预测能提高预测预警的精度，对未来6个月的短期预测预警结果准确性为83.3%。

（6）根据柑橘产销链特点及突发事件风险的常见诱发因素，将其大致分为生产型突发事件风险、需求型突发事件风险和运营型突发事件风险。

在风险分类的基础上，根据情景分析法和案例推理技术将柑橘产销突发事件风险的案例推理过程分为情景描述、情景检索和情景匹配及调整三个步骤。结合"情景－案例"预警原理，建立了包含风险数据采集、风险识别和风险评估、风险预警三个预警子系统的柑橘产销突发事件风险预警系统。

（7）为了能够给产销链上各环节提供有关柑橘生产、销售的相关预警信息和决策支持，最终实现预警功能。在柑橘产销综合预警分析的基础上设计和开发了柑橘产销预警软件。该软件由微软公司设计开发并广泛使用的 Windows 平台应用程序开发环境 Visual Studio 2010 与 Matlab 2012a 混合编程实现，包括数据输入模块、统计预警模块、指数预警模块、模型预警模块和数据查询及返回模块。该软件具有以下特点：第一，便捷高效地管理柑橘的生产和销售信息；第二，能够完整实现各类预警算法，具有良好的可扩展性；第三，数据添加、数据修改、数据删除、数据查询简单易行。此外，由于预警软件目前正处于初步设计和试用阶段，故有一些功能，如组合模型预测预警等还不能使用，需进一步改进和完善。

9.2 政策建议

2012—2016 年中央一号文件连续提出要"加强国内外农产品市场监测预警，稳定国内农产品市场""健全重要农产品市场监测预警机制""健全农产品市场调控制度"，由此可见农产品市场监测预警工作的重要性。目前美国农业部、欧盟、联合国粮农组织（FAO）、经合组织（OECD）等世界发达国家和地区及国际机构都非常重视农产品市场短期预测预警分析。因此，综观国内外形势，要想增加农民收入、稳定农产品市场价格、搞活农产品流通、平衡农产品产销，必须加快中国农产品市场监测预警信息体系的建设，及时准确地为相关信息使用者提供预警信息服务，最终促进农业生产和农产品市场健康发展。近年来，中国先后对玉米、小麦、棉花、大豆、糖料、稻谷、油料、畜牧和饲料等农产品进行了相关的市场监测预警工作，但对柑橘等具有区域优势的特色农产品并未形成完善系统的监测预警体系。柑橘产业目前存在着单产低、品质较差、种植结构不合理、熟期供应期集中、产后加工能力低下、流通体系不畅、橘农增收困难等问题，以及柑橘雪灾冻害、"大食蝇"等突发事件频现，需要适时建立相应的监测预警体系来指导柑橘的生产和销售，促进柑橘产业的健康发展。下面将从产销预警数据获取、产销预警技术支持、产销预警信息发布、产销预警结果应用四个方面提出相关的政策建议。

9.2.1　完善产销预警基础数据库的建设

数据是进行预测预警的基础。没有好的数据，预测预警工作就好像无源之水很难开展。在预警数据质量有保证的情况下，收集到的数据信息越充分，据此进行的预警分析才越准确。目前中国包括柑橘在内的农产品基础数据信息存在来源渠道多、统计数据口径不一致、信息获取不及时、数据共享不充分等问题，导致根据数据进行相关预警分析的结果在实际中很难发挥真实有效的作用。

针对以上问题在构建柑橘产销预警基础数据库时需要完善以下几个方面：①产销数据信息标准化。中国柑橘产销信息，尤其是柑橘价格信息存在中间环节多、品种等级和区域差异大等诸多问题，而各相关部门或组织在价格数据信息采集时所使用的标准不统一，导致发布的价格信息在橘农实际使用时出现理解上的偏差。因此，应当针对柑橘品种、产地、所处的流通环节制定相关的数据信息标准来提高数据采集质量和数据分析效果。②产销数据信息获取智能化。准确、及时、全面的产销数据是做好柑橘产销监测预警分析的基础。柑橘产销预警包括长期预警和短期预警分析，需要持续收集实时信息，并据此对预测预警结果进行合理适时的修正。目前中国在柑橘产销信息获取方面智能化程度不高，例如柑橘价格信息主要是由价格采集员人工采集信息并上报的方式，很难避免由于采价员的疏忽而导致的价格信息的误报、瞒报、虚报和漏报问题，对于出现的异常数据则无法及时处理，给后续的预警分析工作制造了障碍。因此，应当充分利用物联网技术、传感器技术、微波技术、3S技术等现代信息技术，开发便携式柑橘产销信息采集器和生长过程监测仪等，实时自动获取有关柑橘生产和销售的原始数据信息。③产销数据信息整合与共享。国际上以美国、FAO为代表的一些国家和机构设有完整的农产品数据库并向公众开放，均可以免费查询，并且其各部门之间的数据信息也实现了共享。而反观中国，农产品数据采集工作分散在各个部门，尽管各部门都有自己专有的信息采集渠道并掌握了不同程度的数据资源，但由于没有统一标准导致数据口径不统一，无法进行有效整合，加之柑橘等分类农产品产销信息数据收集不完善且大部分没有对外公开，致使研究人员和其他信息数据使用者无法保证监测预警分析的效率和质量。因此，应加快完善包括柑橘在内的各类农产品的产销信息数据的收集，并有效整合各部门、机构组织的数据资源，提高数据的共享程度，为预警工作奠定坚实的基础。此外，柑橘产销预警基础数据库还需要对原始数据进行审核，按照一定的分类标准进行汇总整理，便于为不同的预警模型提供数据支持，同时还要与宏观经济数据库、农业经济数据库进行有效对接，满足产销预警的需要。

9.2.2　提升产销预警分析的技术能力

柑橘产销预警涉及柑橘生产、消费、市场等多个领域，包含多项预警分析技术。近年来，部分农产品如粮、油、棉、糖等的信息分析预警在理论研究与实践应用中有了显著进步，但仍然存在着诸多技术难点：①缺乏核心预测预警模型工具导致预警量化分析研究不够和预警结果缺乏说服力；②缺乏基于计算机技术的智能化模拟和智能判断导致预警信息交错联动关系判别困难，往往难以厘清众多相关因子之间的关系。而柑橘等具有区域特色的生鲜园艺类的产销预警还在起步摸索阶段，相关的预警分析技术十分欠缺，急需提升。

目前，欧美等发达国家和国际机构在农产品市场监测预警方面均拥有先进的模型分析工具作为技术支撑。例如，美国农业部非常重视预警模型的建设，开发了多国商品连接模型运用先进的经济学、计量经济学理论和模型对来源于 43 个国家和地区的 24 种农产品生产、消费、贸易和价格进行预测预警。此外，美国农业部还利用 GAMS 软件开发了一个农业贸易局部均衡模拟模型，运用了经济学中的完全市场竞争、生产者和消费者福利最大化等假设，对农产品生产、消费、贸易和价格进行 5~10 年的中长期预测预警，并对相关的农业政策效果进行模拟分析。参与预警的研究人员大部分都是出自美国名校的博士，具有较高的计量经济学和统计学技术分析水平，并且长期从事农业问题研究，堪称农业问题专家。因此，对于中国柑橘产销预警工作，首先，应该吸纳精通经济学、统计学和计量经济学的从事农业经济管理类科研人才，培养一支固定的专家队伍，加快柑橘预测预警模型的研发，开展定量分析，保证预警结果的可靠性和适用性。其次，应该开发柑橘短期监测预警系统与平台等。通过定期监测柑橘产销警情，对国内生产情况、国内进出口情况、国内供求关系、全球供求关系、国内市场价格波动、全球市场价格波动等方面进行分析，提高柑橘产销风险的监测能力，保障产销安全，促进产销信息透明化，抵御国际市场冲击，为广大橘农提供及时、权威的市场信息，为有关农业部门提供决策依据。最后，应借鉴美国等发达国家先进的预警理论和方法，研制中国柑橘供需平衡表，提供中国柑橘在一段时期内供求总量的综合情况，用来监测研判中国柑橘的产销走势，提高政府部门市场调控效率和市场预期的合理性，真正发挥引导生产与销售的作用。

9.2.3 规范产销预警信息发布查询渠道

信息不对称是导致柑橘产销风险的主要原因之一。目前，柑橘产销信息的传播来自于广播、电视、报刊等传统新闻媒体和网络、微博、微信等新兴大众媒体，但各种铺天盖地的产销信息的真实性和准确性却无法保证，这使得信息使用者无法辨别信息的真假，极易导致对信息的错误理解，最终影响柑橘正常的生产和销售。例如，2008年爆发的"柑橘大食蝇"事件就是源自于一条内容为"四川广元柑橘染上蛆状虫病"的手机短信的传播，加上见诸报端的夸大报道，加之前期少量蛆柑流入市场的事实，导致了消费者恐慌情绪的爆发，不敢购买和食用柑橘，最终导致主产区柑橘大量滞销，橘农损失惨重。因此，应建立柑橘产销信息的权威发布渠道，配合有关部门加强各传播媒体的信息监控和信息管理，一方面能使橘农准确、及时地把握市场行情；另一方面也能使消费者理性购买和消费柑橘，从而保持柑橘市场和社会的稳定。

规范柑橘产销预警信息发布查询渠道应从预警信息内容、预警信息发布机制、发布渠道等几方面同时着手。首先，规范柑橘产销预警信息内容，形成产销预警报告。柑橘产销预警报告是对柑橘产销预警结果的汇整和加工，是橘农、消费者和各级政府、组织赖以随时掌握柑橘产销动态，及时进行产销决策的重要依据。因此，柑橘产销预警报告的准确、及时和规范性直接影响到各信息使用者的利益，以及据此制定的产销决策的有效性。一份规范的柑橘产销预警报告是柑橘产销预警的输出发布窗口，其主要功能是按确定的评价标准将预警分析结果运用现代化信息技术进行输出和表达，并据此提出有针对性的对策建议。它包含警情预报、警源辨析和应急反应三个部分内容。①警情预报是指通过统计方法和系统方法等确立的反映柑橘产销实际警情的警度和警限，使用预警信号灯系统直观地描述柑橘产销的运行状态，科学地反映柑橘产销的变动趋势；②警源辨析是指找出生成警情的原因；③应急反应是针对预测预警结果提出有针对性的对策建议以供报告使用者参考。

其次，建立国家级、省（直辖市）级、市级和县级等多层次的产销预警信息发布平台，满足不同信息使用者的需求。柑橘产销的预测预警信息的发布应该将预警报告定期发布和突发事件预警及时发布相结合，并且这类信息的发布应该是公开的、免费的。对于某些和柑橘生产相关的大型龙头企业和合作组织，还可以对橘农提供有针对性地产销报告和咨询服务。为使柑橘产销信息使用者能及时便捷地获取所需信息，应借助各种媒体形式，多渠道发布柑橘产销预警信息。①通过互联网平台发布。互联网作为一个新兴媒体形式具有开放性、高度信息共享、检索便捷和互动性、传输速度快、没有时间和地域界线等优点，应该作为柑橘产销预警信息发布的重要形式。②通过广播电视发布。广播电视作为一种传统的媒体形式具有覆盖面大、受众面广、传播形式多样等特点，应作为柑橘产销信息发布的主要形式之一。可以通过中央广播电视台和各地方广播电视台发布不同地区不同层级的有针对性地产销预警信息。③通过报纸期刊发布。作为传统媒体之一的纸质媒体，报纸期刊具有易于传播和保存、可信度高、主动阅读等特点，也应作为柑橘产销信息发布的主要形式之一。④通过记者招待会的方式发布。记者招待会一般由政府机关或该领域专家组织召开，具有权威性、影响大的特点，可以作为柑橘重要产销信息发布的形式。⑤通过短信或微信平台发布。随着手机的普及，通过短信或微信平台的方式发布预测预警信息将会成为未来发展的趋势。无论采用何种媒体形式来发布柑橘产销预警信息，都应当要对信息来源的真实性和可靠性进行甄别，决不能传递虚假和错误的信息。

9. 2. 4 合理应用柑橘产销预警结果

本文的年度预警结果是基于柑橘全品种的全国性指标分析计算得出，在使用时要根据使用者的具体情况和使用目的进行相应调整，这样才能保证预警效果。目前中国内地主要有 19 个省（直辖市、自治区）生产柑橘，其中湖南、广东、江西、广西、四川、湖北、福建、浙江、重庆八省一直辖市为主产区，产量占全国柑橘总产量 93.43%，品种主要是柑、橘、橙、柚四大类，每一大类又有若干亚类和品种。九大主产区都各有自己的优势品种，其生产和消费差异性较大，在使用产销预警模型时，模型中的参数估计值都在特定时空范围内适用的，还必须对其进行不断地完善和更新。柑橘产销预警信息的使用者主要有橘农、合作组织、加工企业、批发、零售商、消费者和政府部门，不同的使用者关注不同类型的预警信息，可根据实际需要自主选择。橘农是相对预警意识较为淡薄的群体，首先要提高他们学习先进种植技术、使用实用管理技术、走科技兴橘之路的意识。其次培养他们的市场意识，定期组织学习市场经济知识、掌握市场动态，才能提高其正确使用预警结果的能力。对于橘农，要发布中长期预警信息让他们能够有足够长的时间进行生产规模和结构的调整。对于批发、零售商和消费者更关心的是短期内的价格变动情况，因此他们应选择短期预警信息。合作组织、加工企业和政府部门既关注生产又关注销售，因此他们需要所有的柑橘产销预测预警信息以保证柑橘市场稳定，产业健康发展。

除完善产销数据库的建设、提升产销预警技术、规范产销预警信息发布查询渠道、合理应用柑橘产销结果外，考虑到中国柑橘产业目前的情况，笔者认为应建立以农业部为核心，柑橘主产区相关政府部门、柑橘产业技术体系各功能研究室、试验站为骨干的组织机构，联合统计、贸易和大型农贸市场等有关部门构建完整的柑橘产销预警机构，并根据需要制定权责分明的管理体制，收集有关的柑橘产销预警信息。定期与不定期举行会议，讨论并明确柑橘产销预警机构体系建设的总目标、主要内容及工作分工，对预警机构体系建设进行规划。同时对柑橘产销警情、警兆进行动态把握，出具权威性预警、预测，建立一套相对稳定的柑橘产销预警制度。同时，为有效保障预警信息的质量还应加大专项资金的投入。不论是对信息的需求、专业人才的网罗还是先进技术的支撑都需要大量的专项资金投入，否则预警只能成为空谈。财政部和主产区政府应在每年的财政支出中都应该预留一部分专项资金用于柑橘等农产品产销预警工作，形成坚实的预警财政投入保障机制。此外，"互联网＋"时代已经到来，"互联网＋农业"已经开始兴起，互联网技术及思想的普及和应用，给传统农业的生产、销售、流通、金融等环节注入了新的活力，为农业现代化带来了新的机遇，提供了广阔的发展空间。柑橘主产区各职能部门应该建设好当地的柑橘产品信息网，并以此为依托构建柑橘营销促销网络平台，将传统的销售手段和互联网销售紧密结合。同时，还应指导和培训专门人员及时采集和发布本地柑橘的供应信息，号召橘农、合作组织、企业及时进行柑橘供求信息的网上发布，探索推进柑橘电子商务等现代交易方式，通过网络实现有效的柑橘产销对接。此外，还应通过网络和遥感技术的结合对柑橘生产过程进行实时监控，提高柑橘果园种植管理水平，促进果品质量的提升和推进可追溯系统的普及，从而实现柑橘产销的动态平衡。

参考文献

[1] 柏继云，孟军，吴秋峰. 黑龙江省大豆生产预警指标体系的构建 [J]. 东北农业大学学报，2007，38（4）：568-572.

[2] 毕大川，刘树成. 经济周期与预警系统 [M]. 北京：科学出版社，1990：132-145.

[3] 毕守东，王东平. 安徽省粮食产量的最优加权组合预测 [J]. 预测，2000（3）：70-72.

[4] 陈新建，曾继吾，金燕，易干军. 广东省柑橘产量与价格波动的实证研究 [J]. 中国热带农业，2009（5）：30-33.

[5] 陈正坤. 我国柑橘出口比较优势及其可持续性研究 [D]. 武汉：华中农业大学，2010.

[6] 程彬，魏学义，李宁，张连霄，王韵扬. 辽宁省畜牧业生产监测预警数字化平台建设及应用 [J]. 中国畜牧杂志，2011（18）：29-34.

[7] 程绍南. 我国柑橘加工业发展现状及趋势 [J]. 农产品加工，2007（11）：15-17.

[8] 丛爽. 面向 MATLAB 工具箱的神经网络理论与应用（第三版）[M]. 合肥：中国科学技术大学出版社，2009.

[9] 邓秀新. 现代农业与农业发展 [J]. 华中农业大学学报（社会科学版），2014（1）：1-4.

[10] 董晓霞，李干琼，刘自杰. 农产品市场价格短期预测方法的选择及应用-以鲜奶零售价格为例 [J]. 山东农业科学，2010（1）：109-113.

[11] 樊茂勇. 基于应用贡献分析法的经济预警指标选择 [J]. 中国农村

观察，2001（7）：57-64.

[12] 冯永辉. 生猪市场监测预警系统的构建 [D]. 北京：中国农业科学院，2012.

[13] 高铁梅，王金明，陈飞，梁云芳. 中国转轨时期的经济周期波动——理论、方法及实证分析 [M]. 北京：科学出版社，2009.

[14] 葛慧玲. 中国大豆市场的预测预警研究 [D]. 哈尔滨：东北农业大学，2007.

[15] 龚梦. 中国柑橘鲜果价格形成及影响因素研究 [D]. 武汉：华中农业大学，2013.

[16] 龚盈盈. 基于景气指数的宏观经济监测预警系统研究 [D]. 武汉：武汉理工大学，2005.

[17] 顾海兵，刘明. 我国粮食生产预警系统的探讨 [J]. 经济理论与经济管理，1994（1）：37-42.

[18] 顾海兵. 宏观经济预警研究：理论·方法·历史 [J]. 经济理论与经济管理，1997，V（4）：1-7.

[19] 顾海兵，赵林榜. 我国粮食预警指标体系构想 [J]. 经济改革与发展，1998（4）：68-70.

[20] 中华人民共和国国家发展和改革委员会，全国供销合作总社，中华人民共和国农业部，等. 全国农产品成本收益资料汇编 [M]. 北京：中国物价出版社，2002.

[21] 国家经济预警课题组. 中国农业预警指标系统的设计 [J]. 农村经济与社会，1989（5）：16-21.

[22] 国家统计局. 中国统计年鉴 [M]. 北京：中国统计出版社，1991-2012.

[23] 国家统计局. 中国农村统计年鉴 [M]. 北京：中国统计出版社，1990-2013.

[24] 何劲，祁春节. 我国柑橘生产成本和价格变动的实证研究 [J]. 经济纵横，2009（2）：84-86.

[25] 何劲. 农业投入品价格上涨对柑橘国际竞争力的影响研究 [D]. 武汉：华中农业大学，2013.

［26］何坪华，聂凤英. 食品安全预警系统功能、结构及运行机制研究研究〔J〕. 商业时代，2007（33）：62-64.

［27］胡志华. 我国柑橘产销研究〔J〕. 北京农业，2011（1）：232-236.

［28］黄冠胜，林伟. 风险预警系统的一般理论研究〔J〕. 中国标准化，2006（3）：9-11.

［29］黄继宏，雷战波，凌操. 经济预警方法研究综述〔J〕. 系统工程，2003，21（2）：64-70.

［30］黄森，卢志红. 柑橘主产国柑橘产业化经营比较分析及其对我国的启示〔J〕. 中国果业信息，2007（6）：1-4.

［31］黄森. 柑橘生产风险定量评估研究〔J〕. 农业技术经济，2013（9）：122-128.

［32］黄毅宇，李响. 基于情景分析的突发事件应急预案编制方法初探〔J〕. 安全与环境工程，2011（2）：56-59.

［33］黄莹，刘海龙. 基于动态 VaR 模型的我国银行间拆借市场风险度量研究〔J〕. 上海管理科学，2008（1）：51-54.

［34］霍红，徐辉. 基于 BP 神经网络的果蔬物流外包风险预警研究〔J〕. 安徽农业科学，2012，40（34）：16929-16932.

［35］蒋惠凤，何有世，张兵，孙运全. 基于 BP 神经网络的江苏用电量预测模型研究〔J〕. 统计与决策，2005（1）：46-48.

［36］姜向荣，司亚清，张少锋. 景气指标的筛选方法及运用〔J〕. 统计与决策，2007（2）：119-121.

［37］孔繁涛. 畜产品质量安全预警研究〔D〕. 北京：中国农业科学院，2008.

［38］孔繁涛，王东杰，吴建寨，张超. 建立健全鲜活小宗农产品市场监测和调控机制的思考-基于山东省大葱、生姜的调查〔J〕. 中国食物与营养，2013，19（7）：43-47.

［39］黎枫，黎梅，徐道明. 基于案例推理的供应链突发事件风险预警研究〔J〕. 中国商贸，2011（15）：60-61.

［40］李干琼. SV 因子分析框架下的农产品市场短期预测〔D〕. 北京：中国农业科学院，2012.

[41] 李干琼，许世卫，孙益国，李哲敏，董晓霞. 中国蔬菜市场价格短期波动与风险评估 [J]. 中国农业科学，2011，44（7）：1502-1511.

[42] 李哲敏，李干琼. 禽蛋市场价格短期预测 [J]. 中国食物与营养，2010（6）：36-39.

[43] 李国祥. 2003 年以来我国农产品价格轮番上涨的经济分析 [J]. 新视野，2011（1）：19-21.

[44] 李金昌，黄劲松. 风险理论发展的比较分析 [J]. 经济学家，2006（2）：125-128.

[45] 李林杰，黄贺林. 关于粮食安全即期预警系统的设计 [J]. 农业现代化研究，2005（1）：17-21.

[46] 李启波，邬彬，吴丹，周安菊. 从"菜贱伤农"看农产品市场预警机制的建立 [J]. 中国农村小康科技，2007（10）：33-35.

[47] 李向阳. 突发性群体事件及其演化机理分析 [J]. 中国软科学，2009（6）：163-171.

[48] 李莹，马建斌，付君丽. 河北省小麦市场监测预警系统研究 [J]. 河北农业大学学报，2007（9）：50-51.

[49] 李勇，江可申. 财务景气监测预警指标的分类方法及应用 [J]. 价值工程，2009（8）：108-111.

[50] 李志强. 农产品市场分析重点与关键技术 [J]. 农业展望，2010（1）：53-58.

[51] 李优柱. 我国蔬菜价格预警系统研究 [J]. 农业技术经济，2014（7）：79-88.

[52] 刘从九. 我国棉花市场预警系统及指标体系研究 [J]. 中国纤检，2006（1）：7-9.

[53] 刘芳，何忠伟. 中国鲜活果蔬产品价格波动与形成机制研究 [M]. 北京：中国农业出版社，2012.

[54] 刘芳，王琛，何忠伟. 果蔬产品产销间价格传导机制研究 [J]. 农业技术经济，2012（1）：99-108.

[55] 刘辉. 试论我国主要农副产品价格预警应急机制之构建 [J]. 价格

理论与实践，2005（2）：30-31.

[56] 刘红霞. 企业财务危机预警方法及系统的构建研究［M］. 北京：中国统计出版社，2005.

[57] 刘晓娥. 关于粮食产量预测模型的比较［J］. 统计与决策，2000（3）：41-42.

[58] 龙方，杨重玉，彭澧丽. 自然灾害对中国粮食产量影响的实证分析［J］. 中国农村经济，2011（5）：33-44.

[59] 鲁晓旭，张劼. 基于蛛网模型理论的柑橘生产和价格波动分析［J］. 农村经济，2010（8）：60-62.

[60] 罗鄂湘. 产业经济预警研究综述［J］. 统计与决策，2009（3）：162-164.

[61] 罗军，方伟，林伟君，万忠. 农产品价格波动与情报预警研究综述［J］. 广东农业科学，2012（11）：212-223.

[62] 罗永恒. 基于 ARIMA 模型的中国农产品价格分析与预警［J］. 经济数学，2013（1）：96-99.

[63] 吕建兴，潘传快，祁春节. 突发事件对柑橘流通的影响机理及其对策［J］. 华中农业大学学报（社会科学版），2010（6）：46-51.

[64] 吕新业，王济民，吕向东. 我国粮食安全状况及预警系统研究［J］. 农业经济问题，2005（S1）：34-40.

[65] 吕新业. 我国食物安全及预警研究［D］. 北京：中国农业科学院，2006.

[66] 吕新业. 基于向量自回归模型的中国食物安全预警［J］. 农业工程学报，2013（11）：286-292.

[67] 马九杰，张象枢，顾海兵. 粮食安全衡量及预警指标系统研究［J］. 管理世界，2001（1）：154-161.

[68] 马谦杰，胡乃联，崔书英，曾康生. 基于风险度量理论的煤矿安全的系统评价［J］. 中国安全科学学报，2004，14（4）：20-23.

[69] 马雄威，朱再清. 灰色神经网络模型在猪肉价格预测中的应用［J］. 内蒙古农业大学学报，2008（4）：91-93.

[70] 梅方权，张象枢，黄季焜，方瑜. 粮食与食物安全早期预警系统研

究［M］. 北京：中国农业科学技术出版社，2006.

［71］梅盈洁，刘军，邱俊荣，尹艳，刘彩霞. 农业突发事件的分类及特征分析—以广东为例［J］. 广东农业科学，2010，37（12）：221-231.

［72］穆维松，张小栓，刘雪，张领先，傅泽田. 水果供给与需求关系组合分析模型的构建及应用［J］. 系统工程理论与实践，2005（11）：139-144.

［73］聂荣，钱克明，张小洪. 农产品价格的随机模型及风险度量［J］. 数学的实践与认识，2004（11）：108-112.

［74］农业部市场与经济信息司. 农产品市场监测预警工作手册［M］. 北京：中国农业出版社，2010：100-134.

［75］潘春华，朱同林，张明武，梁早清. 食品安全信息预警系统的研究与设计［J］. 农业工程学报，2010（10）：29-333.

［76］祁春节. 中国柑橘产业的经济分析与政策研究［D］. 武汉：华中农业大学图书馆，2001.

［77］祁春节，邓秀新. 改革开放30年来我国柑橘产业的发展与变化［C］//柑橘产业经济与发展研究2008. 北京：中国农业出版社，2009：215-225.

［78］祁春节，宋金田. 2008年中国柑橘产销形势分析［C］//柑橘产业经济与发展研究2008. 北京：中国农业出版社，2009：285-296.

［79］祁春节，宋金田. 2009年中国柑橘产销形势分析［C］//柑橘产业经济与发展研究2009. 北京：中国农业出版社，2010：67-86.

［80］祁春节，宋金田. 2010年中国柑橘产销形势分析［C］//柑橘产业经济与发展研究2010. 北京：中国农业出版社，2011：50-63.

［81］戚亚梅. 欧洲食品安全预警系统建设及启示［J］. 世界农业，2006（11）：20-22.

［82］宋丰景. 劳动力市场景气指数研究与应用［M］. 北京：华龄出版社，2006.

［83］宋金田，祁春节. 2011年中国柑橘产销形势分析［C］//柑橘产业经济与发展研究2011. 北京：中国农业出版社，2012：114-129.

［84］佘震宇，赵黎明，李忠民. 中国农业经济整体运行景气信号预警系统研究［J］. 西北农林科技大学学报（社会科学版），2003（1）：55-59.

［85］沈瑾，刘清. 中国农产品加工预警体系构建的研究［J］. 农业工程技术，2008（10）：10-11.

［86］沈兆敏. 我国柑橘产销现状、问题及对策［J］. 果农之友，2012（3）：3-4.

［87］陶骏昌. 农业预警概论［M］. 北京：北京农业大学出版社，1994：6.

［88］陶骏昌，李宗凌. 农业预警系统—宏观农业管理的新思路［M］. 北京：中国统计出版社，1994.

［89］唐江桥. 中国畜产品价格预测预警研究［D］. 福州：福建农林大学，2011.

［90］王川. 中国柑橘生产与消费现状分析［J］. 农业展望，2006（1）：8-12.

［91］王川，王克. 基于 BP 神经网络的我国农产品市场风险预警研究［J］. 农业经济问题，2008（S1）：152-156.

［92］王川，赵友森. 基于风险价值法的蔬菜市场风险度量与评估—以北京蔬菜批发市场为例［J］. 中国农村观察，2011（5）：45- 77.

［93］王川，赵俊晔，钟永玲. 我国粮食市场风险的度量与评估—基于风险价值法的实证分析［J］. 中国农业资源与区划，2012（4）：15-22.

［94］王川，赵俊晔. 组合预测模型在农产品价格短期预测中的应用—以苹果为例的实证分析［J］. 系统科学与数学，2013，33（1）：89-96.

［95］王恩德，梁云芳，孔宪丽，高铁梅. 中国中小工业企业景气监测预警系统开发与应用［J］. 吉林大学社会科学学报，2006（9）：123-130.

［96］王国敏，周庆云. 农业自然灾害风险分散机制研究［J］. 求索，2008（1）：48-50.

[97] 王吉恒，王新利. 农产品市场风险与市场预测研究 [J]. 农业技术经济，2003 (3)：1-4.

[98] 王天仲. 价格监测预警信息系统的设计与实现 [J]. 信息系统工程，2010 (9)：40-42.

[99] 王小波，顾岗. 经济周期与预警研究—理论、方法、应用 [M]. 北京：冶金工业出版社，1994：56-89.

[100] 王晓云，许芳. 威胁产业安全之突发事件预警及对策研究—从海南香蕉产业谣言谈起 [J]. 生产力研究，2008 (3)：79-81.

[101] 汪晓银. 中国柑橘市场预警研究 [D]. 武汉：华中农业大学，2013.

[102] 王耀中. 经济预警模型述评 [J]. 湖南大学学报（社会科学版），2004 (2)：27-31.

[103] 王益松. 中国农业波动周期与预警分析 [J]. 农业经济问题，2004 (1)：38-42.

[104] 吴冠岑. 区域土地生态安全预警研究 [D]. 南京：南京农业大学，2008.

[105] 吴国斌. 突发公共事件扩散机理研究—以三峡坝区为例 [D]. 武汉：武汉理工大学，2006.

[106] 吴清华，高峰，冯中朝. 中国油菜产业风险预警研究—基于 BP 神经网络 [J]. 华中农业大学学报（社会科学版），2010 (2)：29-33.

[107] 熊刚初. 中国水果供需总量平衡分析及预测 [D]. 武汉：华中农业大学，2003.

[108] 熊巍，祁春节. 基于扩散指数的中国柑橘生产预警研究 [J]. 福建农林大学学报（哲学社会科学版），2010, 13 (5)：52-56.

[109] 熊巍，祁春节. 水果类农产品产销预警指标体系构建 [J]. 统计与决策，2011 (22)：15-18.

[110] 熊巍，祁春节. 基于 VaR 的果蔬农产品价格的风险度量 [J]. 统计与决策，2013 (21)：126-130.

[111] 徐磊，张峭. 中国粮食主产区粮食生产风险度量与分析 [J]. 统计

与决策，2011（21）：110-112.

[112] 许世卫，李哲敏，孔繁涛，董晓霞，崔利国，任育锋. 农产品价格传导机制及其主要影响因素分析 [J]. 中国科技论坛，2012（9）：71-76.

[113] 许世卫，李哲敏，李干琼，董晓霞. 农产品市场价格短期预测研究进展 [J]. 中国农业科学，2011，44（17）：3666-3675.

[114] 薛薇. 统计分析与 SPSS 的应用 [M]. 北京：中国人民大学出版社，2005.

[115] 颜小挺，祁春节. 2012 年中国柑橘产销形势分析 [C] //柑橘产业经济与发展研究 2012. 北京：中国农业出版社，2013：67-80.

[116] 杨芳. 美国农产品价格风险管理的经验及借鉴 [J]. 农村经济，2010（2）：125-129.

[117] 杨年芳，孙剑. 我国柑橘产品流通渠道的运行模式与发展对策 [J]. 农业展望，2007（11）：41-44.

[118] 杨艳涛. 中国农产品质量安全风险分析与预警对策 [J]. 世界农业，2009（4）.

[119] 杨艳涛. 加工农产品质量安全预警与实证研究 [D]. 北京：中国农业科学院，2009.

[120] 易丹辉. 数据分析与 Eviews 应用 [M]. 北京：中国人民大学出版社，2008.

[121] 于爱芝，梁仕莹. 我国农村居民口粮消费的组合预测 [J]. 统计与决策，2010（23）：39-41.

[122] 虞华，戴秀艳，程鑫. 我国小宗农产品价格异常波动原因探析及反思 [J]. 调研世界，2011，（10）：17-19.

[123] 袁晓芳. 基于情景分析和 CBR 的非常规突发事件应急决策关键技术研究 [D]. 西安：西安科技大学，2011.

[124] 尤春媛. 我国农业风险预警机制及应急处理 [J]. 安徽农业科学，2007，35（33）：10852-10853.

[125] 赵安平，赵友森，王川. 北京市蔬菜价格波动的影响因素和评估及政策建议 [J]. 农业现代化研究，2012（5）：598-602.

[126] 赵建国. 基于扩散指数法的失业预警模型及实证分析 [J]. 财经问题研究，2005（11）：81-84.

[127] 赵瑞莹. 农产品市场风险预警管理研究 [D]. 山东：山东农业大学，2006.

[128] 赵瑞莹，杨学成. 农业预警系统研究 [J]. 生产力研究，2004（1）：64-66.

[129] 赵友森. 美国农产品市场预警分析（一）[J]. 北京农业，2013（16）：44-45.

[130] 赵友森. 美国农产品市场预警分析（二）[J]. 北京农业，2013（19）：50-52.

[131] 赵友森，戈雪松，黄体冉，王晓东，赵平安. 北京市农产品商品基础信息数据库设计与应用 [J]. 中国农学通报，2013，29（17）：227-233.

[132] 赵友森，王晓东，赵安平，戈雪松. 国外农产品市场信息体系建设研究 [J]. 世界农业，2012（10）：36-41.

[133] 赵友森，赵安平，王川. 北京蔬菜市场价格报警方法研究 [J]. 价格月刊，2011（9）：32-37.

[134] 张德丰. MATLAB 神经网络应用设计 [M]. 北京：机械工业出版社，2009.

[135] 张冬玲，高齐圣，杨泽慧. 农产品质量安全风险评估与预警模型：以山东省蔬菜出口示范基地为例 [J]. 系统工程理论与实践，2010（6）：1125-1131.

[136] 张富. 我国生猪生产波动与预警调控 [D]. 北京：中国农业科学院，2012.

[137] 张化中. 价格监测及预测预警 [M]. 北京：中国市场出版社，2006：201-218.

[138] 张峭，王川，王克. 我国畜产品市场价格风险度量与分析 [J]. 经济问题，2010（3）：90-94.

[139] 张永军. 经济景气计量分析方法与应用研究 [M]. 北京：中国经济出版社，2007.

［140］张晓东. 中国养猪业生产波动分析与预测预警研究 ［D］. 哈尔滨：东北农业大学，2013.

［141］张玉加. 农产品市场行情预警系统的设计与实现 ［D］. 长沙：湖南大学，2007.

［142］张玉，赵玉，祁春节. 中国柑橘产业可持续发展制约因素与对策 ［J］. 中国热带农业，2007（5）：10-11.

［143］张志强. 中国粮食生产景气指数系统的扩散指数分析 ［J］. 北京农学院学报，2001（7）：61-65.

［144］章胜勇，祁春节. 我国柑橘鲜果滞销的原因及对策分析 ［J］. 华南农业大学学报，2008（4）：75-83.

［145］曾琼霞，张德亮. 云南省马铃薯价格预警研究 ［J］. 中国市场，2013（9）：40-43.

［146］郑勇. 我国苹果汁价格波动及其风险控制研究-兼论推出浓缩苹果汁期货 ［J］. 价格理论与实践，2008（4）：61-62.

［147］中国果品流通协会. 我国水果产业发展状况及柑橘产销形势分析 ［J］. 果农之友，2011（1）：3-5.

［148］周国民. 中国粮食（食物）安全预警软件系统的设计 ［J］. 计算机与农业，2002（4）：13-14.

［149］朱军，王长胜. 经济景气分析预警系统的理论方法 ［M］. 北京：中国计划出版社，1993：70-105.

［150］朱凯，王正林. 精通 MATLAB 神经网络 ［M］. 北京：电子工业出版社，2010：193-198.

［151］Abdul de Guia Abiad. Early Warning Systems for Currency Crises：A Markov-switching Approach ［D］. Philadelphia：University of Pennsylvania，2002.

［152］Ahmed H EL Zooghby. Neural Network based Smart Antennas for Cellular and Mobile Communications Systems ［D］. Orlando：University of Central Florida，1998.

［153］Alessio C，Giorgio T. Designing an early warning system for debt Crises ［J］. Emerging Markets Review，2005（4）：376-395.

［154］ Ali SK，Nermin O. Financial Early Warning System Model and Data Mining Application for Risk Detection ［J］. Expert Systems With Applications，2012，39（6）：6238-6253.

［155］ Amrita GS，Walter GW，Jeffrey EH，et al. Early warning indicators of desertification：examples of tests in the Chihuahuan Desert ［J］. Arid Environments，1998（39）：101-112.

［156］ Anders S. Measuring Market Power in German Food Retailing：Evidence fromState-Level Data ［J］. Atlanta Economic Journal，2008，36（4）：441-454.

［157］ Baker HA ，Wardle J. Sex differences in fruit and vegetable intake in older adults ［J］. Appetite，2003（40）：269-275.

［158］ Bart B，Stijn V，Dirk VDP，et al. Bayesian neural network learning for repeat purchase modeling in direct marketing ［J］. European Jounral of Operational Research，2002，138（1）：191-211.

［159］ Banse M，Van MH，Tabeau A. Will EU Biofuel Policies Affect Global Agricultural Markets ［J］. European Review of Agricultural Economics，2008（2）：117-141.

［160］ Brenda GH. Developing indicators to provide early warnings of banking crises ［J］. Finance & Development，1999，36（2）：36-40.

［161］ Bogers RP，Brug P，Van Assema PC，Dagnelie PC. Explaining fruit and vegetable consumption：The theory of planned behavior and misconception of personal intake levels ［J］. Appetite，2004（42）：157-166.

［162］ Cavatassi R，Lipper L，Narloch U. Modern variety adoption and risk management in drought prone areas：insights from the sorghum farmers of eastern Ethiopia ［J］. Agricultural Economics，2011，42（3）：279-292.

［163］ Chambers RG，Quiggin J. Price Stabilization and the Risk-Averse Firm ［J］. Journal of Farm Economics，2003，85（2）：336-347.

[164] Choi JG, Olsen MD, Kwansa FA, Tse EC. Forecasting Industry Turning Points: the US Hotel Industry Cycle [J]. Model International Journal of Hospitality Management, 1999, 18 (2): 159-170.

[165] Courtney H. Decision-driven Scenarios for Assessing Four Levels of Uncertainty [J]. Strategy & Leadership, 2003, 31 (1): 14-22.

[166] Cynthia AP. Time Series Analysis of Early Warning Systems in Mali [D]. Michigan: Michigan State University, 2002.

[167] Ezekiel M. Two methods of forecasting hog prices [J]. Journal of the American Statistical Association, 1927, 22 (15): 22-30.

[168] FAOSTAT Gateway. http: //faostat3. fao. org/faostat-gateway/go/to/home/E.

[169] Frank EW. Sovereign Nations Financial Distress: An Early Warning System for Predicting Paris-Club Debt Re-scheduling Events From Financial Ratios And Neural Network Indexing Model [D]. Florida: Nova Southeastern University, 1997.

[170] Folkman D. Early Warning Signs of Disasters [J]. Institutional Investor US Edition, 2003, 5: 84-85.

[171] Giot P. The Information Content of Implied Volatility in Agricultural Commodity Market [J]. Journal of Futures Markets, 2003, 23 (5): 441-451.

[172] Haerdle W, Kleinow T, Korostelev A, Logeay C, Platen E. Semiparametric diffusion estimation and application to a stock market index [D]. Quantitative finance, 2008, 8 (1): 81-92.

[173] Hali JE. Do indicators of financial crises work? An evaluation of an early warning system [D]. International Jouranl of Finance and Economics, 2003, 8 (1): 11-53.

[174] Hamilton JD. Time Series Analysis [M]. Princeton: Princeton U Press, 1994.

[175] Huang Fl, Wang F. A System for EarlyWarning and Forecasting

of Real Estate Development [J]. Automation in Construction, 2005, 14 (3): 333-342.

[176] Hueth B, Ligon E. Producer Price Risk and Quality Measurement [J]. Journal of Farm Economics, 1999, 81 (3): 512-524.

[177] James K, Michele C, Drew W. Trait Recognition: An Alternative Approach to Early Warning Systems in Commercial Banking [J]. Journal of Business Finance & Accounting, 1996, 23 (9 & 10): 1415-1434.

[178] Jeong GC. Developing An Economic Indicator System (a Forecasting Technique) for the Hotel Industry [J]. HospitalityManagement, 2003, 22 (2): 147-159.

[179] Jolly RW. Risk Management in Agricultural Production [J]. Journal of Farm Economics, 1983, 65 (5): 1107-1113.

[180] Juan CV, Janos B, Stefanie D, et al. Early warning systems in the context of disaster risk management [J]. Agriculture Rural Development, 2007, 14 (1): 43-45.

[181] Koh HC, S Tan. A Neural Network Approach to the Prediction of Going Concern Status [J]. Accounting and Business Research, 1999, 29 (3): 211-216.

[182] Kumar V. An Early Warning system for agricultural Drought in Arid Region Using Limited Data [J]. Journal of Arid Environments, 1998, 40 (2): 199-209.

[183] Kumar V . Forecasting Spring Wheat Yield Using Time Series Analysis [J]. Agronomy Journal, 2000, 92 (6): 1047-1053.

[184] Kumar V. Forecasting Spring Wheat Yield Using Time Series Analysis: A Case Study for the Canadian Prairies [J]. Agronomy Journal, 2001, 93 (2): 1011-1025.

[185] La VG, Nucifora AMD, Cucuzza G. Short term forecasting of vegetables prices in Sicily [J]. Agronomy Journal, 2003, 2: 857-862.

[186] Leray P, Gallinari P. Feature selection with neural networks [J]. Behavior metrika, 1999, 26 (1): 145-166.

[187] Li GQ, Xu SW, Li ZM. Short-Term Price Forecasting For Agro-products Using Artificial Neural Networks [J]. Agriculture and Agricultural Science Procedia, 2010, (1): 278-287.

[188] Luigi T. Decision making in a fast speed world: an early warning system for avoiding crises [J]. International Journal of Foresight and Innovation Policy, 2004, 1 (3-4): 218-231.

[189] Liu ZR, Qin Z. Research on financial risk early warning indexes system based on combination weight [C] //International Conference on Business Management and Electronic Information. IEEE, 2011 (1): 397-402.

[190] Luo EX, Qian XS. An Empirical Study on Economic Early Warning Model Based on Desirability Function [C] // The 14th International Conference on Industrial Engineering and Engineering Management, 2007.

[191] Manoj K, Tauqueer A, Anil R. Sensitivity Analysis of Various Indicators of Composite Index [J]. Journal of the Indian Society of Agricultural Statistics, 2012, 66 (2): 335-342.

[192] Dakos V, Scheffer M, Nes E H V, et al. Slowing down as an Early Warning Signal for Abrupt Climate Change [J]. Proceedings of the National Academy of Sciences of the United States of America, 2008, 105 (38): 14308.

[193] Milenkovic G. Early Warning of Organizational Crises: A Research Project from the International Air Express Industry [J]. Journal of Communication Management, 2001, 5 (4): 360-373.

[194] Mototsugu S. Nonlinear Forecasting Analysis Using Diffusion Indexes: An Application to Japan [J]. Journal of Money, Credit and Banking, 2005, 37 (3): 517-538.

[195] Mude AG, Barrett CB, McPeak JG, Kaitho R, Kristjanson P.

Empirical Forecasting of Slow-Onset Disasters for Improved Emergency Response: An Application to Kenya's Arid North [J]. Food Policy, 2009, 34 (4): 329-339.

[196] Ng GS, Quek C, Jiang H. FCMAC-EWS: A bank failure early warning system based on a novel localized pattern learning and semantically associative fuzzy neural network [J]. Expert Systems with Applications, 2008, 34 (2): 989-1003.

[197] Niknader IO, Elnoarta E. Project Management by early warning [J]. International Journal of Project Management, 2001, 19 (7): 385-399.

[198] Olga I, Scott HI, Darrel LG. Evaluation of USDA Interval Foreeast of Cornand Soybean Prices [J]. Journal of Farm Economics, 2004, 86 (4): 990-1004.

[199] Pick DH, Karrenbrock J, Carman HF. Price Asymmetry and Marketing Margin Behavior: An Example for California-Arizona Citrus [J]. Agribusiness, 1990, 6 (1): 75-85.

[200] Richard MA, Laurie LH, Bruce AM, Mario TL, Jaime MG, Rodney FW. The Benefits to Mexican Agriculture of An El Ni? o-Southern Oscillation (ENSO) Early Warning System [J]. Agricultural and Forest Meteorology, 2002, 115 (3): 183-194.

[201] Roberts MJ, Schimmelpfennig D, Livingston MJ, Ashley E. Estimating the Value of an Early-Warning System [J]. Applied Economic Persoectives and Policy, 2009, 31 (2): 303-329.

[202] Ronald AB. Using Cointegrated VAR Modeling to Comparatively and Empirically Assess Effects of Alternatively-Focused Policies on U. S. Soft Wheat Markets [J]. Journal of International Agricultural Trade and Development, 2011, 7 (2): 119-130.

[203] Shrivastava RJ, Gebelein JL. Land cover classification and economic assessment of citrus groves using remote sensing [J]. ISPRS Journal of Photogrammetry and Remote Sensing, 2006, 61 (5):

341-353.

[204] Sumit S, Ram SS. Bayesian Models for Early Warning of Bank Failures [J]. Management Science, 2001, 47 (11): 1457-1475.

[205] United Nations Statistics Division. United Nations Commodity Trade Statistics Database [EB/OL]. https: //comtrade. un. org/db/dqQuickQuery. aspx.

[206] Voet H, Mul A, Klaveren J. A Probabilistic Model for Simultaneous Exposure to Multiple Compounds from Food and Its Use for Risk-Benefit Assessment [J]. Food and Chemical Toxicology, 2007, 45 (8): 1496-1506.

[207] Wang C, Zhao JY, Huang M. Measurement of the Fluctuation Risk of the China Fruit Market Price Based on VaR [J]. Agriculture and Agricultural Science Proscenia, 2010, 1: 212-218.

[208] Wood MJ, Hirst JD. Predicting Protein Secondary Structure by Cascade Correlation Neural Networks [J]. Bioinformatics, 2004, 20 (3): 419-420.

[209] Xi WD, Sun YH, Tian XN, Wang HY, Jin QF. Research on the Safety Risk Structure and Early Warning System of Agriculture With Illustrations of Production of Live pigs to Farmers [J]. Agriculture and Agricultural Science Procedia, 2010 (1): 462-468.

[210] Yutaka N, Jun ST, Tsutomu S. On An Earthquake Early Warning System (EEW) and Its Applications [J]. Soil Dynamics and Earthquake Engineering, 2011, 31 (2): 127-136.

[211] Zachary S, Bill R, Zehava R. Early-Warning-Signals Management: A Lesson from the Barings Crisis [J]. Journal of Contingencies&Crisis Management, 1998, 6 (1): 1-22.

附　录

附录 1　BP 神经网络 Matlab 主程序代码

```
function BP _ Predict
data= [4.062106918  26.99437557  26.31339676  4.942594762
20.029893358  0.7  14.27583026  6.114061662  −2.652173235
12.22820123  4.998540929  12.317826367  −0.8  −2.724520686
7.197778727  4.675839815  −7.045922079  4.24064257  35.040565135
1.4  7.34439834  8.07597795  2.870992872  19.35980612  6.030155747
−9.290569916  10.6  12.60146888  5.530633565  0.84716836
6.167956798  6.824993479  18.491981805  8.3  32.26913835
5.660047749  6.408891348  43.80623527  6.029872306  21.120078289
1.5  8.071632494  6.999173326  7.477465877  −22.19749267
5.608635161  5.643974913  7.7  67.93948127  4.599536441
8.282583282  −0.846919457  7.3127422  4.383868771  20.3
−23.67367367  6.374827654  1.662431077  −6.23047179
6.455376784  26.161442451  −2.5  54.19203747  2.348791349
2.514600418  22.83204708  6.039583479  23.687101768  2.9
44.62332928  3.496155586  7.536296034  15.76874107  5.339699614
10.748199625  11.3  −6.351606805]';
%输出向量
value= [0  0.5  0  0  0.5  −0.5  −0.5  −0.5  0.5  1  −0.5]';
```

```
future= [0.786610147  6.762534  -0.692648854  4.9360769
-17.97778  5.6  -4.467770152]';
%对矩阵进行归一化处理，An，Bn 为归一化后的数据
[An，minA，maxA] =premnmx (data);
[Bn，minB，maxB] =premnmx (future);
% 创建 BP 神经网络
net=newff (minmax (An)，[8，1]，{'tansig'，'purelin'}，'trainlm');
% 设置训练参数
net. trainParam. epcohs=100;
net. trainParam. goal=0.00015;
net. trainParam. show=10;
net. trainParam. lr=0.1;
% 训练网络
net=train (net，An，value);
y7=sim (net，Bn)
end
```

附录 2　价格风险的概率分布拟合 Matlab 主程序代码

```
function statistics＝fitting _ test（type）
％statistics 记录 KS 统计量，AD 统计量，卡方统计量
％type 表示分布的类型
H＝［］；
data＝［2.66　3.02　2.94　2.82　2.9　3.02　2.91　2.97　2.98　2.91
2.6　2.83　3.27　3.14　3.06　3.19　3.19　3.45　3.35　3.59　3.94　3.61
3.3　3.37　3.41　3.34　3.39　3.36　3.46　3.44　3.54　3.48　3.63　3.47
3.21　3.08　2.97　3.07　3.04　3.03　3.02　3.06　3.06　3.02　3.24　3.15
3.1　3.15　3.42　3.5　3.55　3.84　4.07　4.13　4.08　4　4.19　3.96
3.82　3.6　3.67　3.85　3.83　3.82　3.67　3.63　3.55　3.92　3.97　3.84
3.6　3.38　3.45　3.58　3.62　3.65　3.72　3.77　3.8　3.67　3.75　3.72
3.59　3.3　3.22　3.24　3.23　3.45　3.68　3.79　3.81　3.89　4.08　3.94
3.59　3.47　3.46　3.78　3.86　3.97　4.11　4.23　4.15　4.16　4.43　4.55
4.51　4.46］；
［m n］＝size（data）；
for i＝1：n－1
    increase（i）＝（data（i＋1）－data（i））/data（i）；
end
％Beta
％使用 Beta 拟合，数据的范围只能在 0～1 之间
data1＝mapminmax（increase，0，1）；
［p1，ci］＝betafit（data1，0.01）；
p＝betacdf（data1，p1（1），p1（2））；
％k 是 KS 统计量 h＝0 时服从正态分布，h＝1 时不服从正态分布，p 为观
```

察值的概率，p＞0.05 接受原假设

```
[h, p, k, c] = kstest (data1, [data1; p] ´, 0.05);
H (1, 1) =h;
statistics (1, 1) =k;
%normal
[mu sigma] =normfit (increase);
  p=normcdf (increase, mu, sigma);
```

　　%k 是 KS 统计量 h＝0 时服从正态分布，h＝1 时不服从正态分布，p 为观察值的概率，p＞0.05 接受原假设

```
[h, p, k, c] = kstest (increase, [increase; p] ´, 0.05);
H (1, 2) =h;
statistics (1, 2) =k;
end
```

附录 3　扩散指数 Matlab 主程序代码

```
function kuosang（x）
%计算扩散指数
%x＝［2，1，－3.15311303100000，－15.8618753700000，
1.60595206000000，22.8264012000000，－7.46142197900000，
3.12978501900000，0，14.1000000000000，10，7.65909090900000，
11.6000000000000，－19.0026954200000，0，19.1697048100000，
10.6406999700000，6.40000000000000；］；
indexs＝［1　1　2　1　2　1　1　1　2　2　2　1　2　3　3　3］；
data＝［－3.153113031　－15.86187537　1.60595206　22.8264012
－7.461421979　3.129785019　0.000　14.1　10　7.659090909　11.6
－19.00269542　0.0000　19.16970481　10.64069997　6.4　3.954750299
22.31149585　0.283596864　－3.440547704　－4.877953753
4.976178221　58.17809561　21.6　9.5　－17.98606713　11.45
－15.72379368　6.951581744　27.17852561　17.55102041　14.7
－0.566221357　4.31694309　0.064029026　－0.456785544　12.72604395
6.241710302　16.347027114　27.4　9.2　3.063063063　11.21
32.87265548　44.381400543　35.64832777　32.48697917　24.1
8.025625056　11.8796799　1.071594841　18.97704527　－16.75417401
6.850380889　151.846014788　8.4　8.31　－8.691308691　10.55
37.91976226　16.50026803　22.50443338　29.21703522　17.1
5.411415864　－2.462239923　2.232070387　21.60665068　2.549049562
6.724606222　123.87559857　－0.5　8.8　11.3785558　10.42
－37.29799612　10.580341629　12.97922017　22.0796836　8.3
2.297233943　16.77686077　1.700819347　－30.55860125　13.70533529
```

8. 9986484　92. 009543072　−5. 5　8. 3　11. 68958743　10. 06

−4. 295532646　31. 021256912　6. 642005414　8. 514615025　2. 8

−2. 994194928　−12. 34443827　2. 063097085　−26. 43007015

−6. 146474761　7. 597416198　−40. 058893366　−4. 2　10. 7

5. 233069481　9. 14　−9. 910233393　−10. 080953065　5. 131484604

3. 440026793　−0. 8　0. 94488189　24. 40081072　1. 649851995

111. 2481095　−0. 327051551　8. 379988365　259. 488314792　−0. 9　8. 2

−3. 740075219　8. 18　−11. 19968115　2. 74375162　7. 905845054

2. 234042553　−1. 4　−0. 780031201　−17. 93780716　1. 245146581

−38. 50633101　9. 41757868　7. 301601556　82. 653245767　0. 4　7. 8

6. 642066421　7. 58　−2. 692998205　26. 847934325　7. 277075504

1. 950866398　0. 4　4. 062106918　26. 99437557　0. 79728281

26. 31339676　−4. 522015799　4. 942594762　20. 029893358　0. 7　7. 7

3. 561978425　6. 95　14. 27583026　−7. 416325184　9. 229299363

5. 01371249　0. 7　6. 114061662　−2. 652173235　0. 194472197

12. 22820123　−9. 759647611　4. 998540929　12. 317826367　−0. 8　7. 2

11. 08490566　6. 45　−2. 724520686　25. 276810268　12. 29226194

4. 614604462　−0. 8　7. 197778727　4. 675839815　−0. 626806415

−7. 045922079　15. 67732762　4. 2406425735. 040565135　1. 4　7. 1

2. 246992215　6. 01　7. 34439834　24. 924351945　9. 988575583

5. 921796736　1. 2　8. 07597795　2. 870992872　0. 859403638

19. 35980612　−31. 92309104　6. 030155747　−9. 290569916　10. 6　8. 2

−2. 318740266　5. 87　12. 60146888　18. 199973722　11. 20606218

11. 98230493　3. 9　5. 530633565　0. 84716836　1. 011226468　6. 167956798

4. 613809087　6. 824993479　18. 491981805　8. 3　7. 2　0. 425155004　5. 89

32. 26913835　18. 824787947　11. 37174153　10. 8466149　1. 8

5. 660047749　6. 408891348　1. 310574548　43. 80623527　5. 855530939

6. 029872306　21. 120078289　1. 5　7. 9　6. 138648792　5. 28　8. 071632494

−1. 16659774　12. 0699514　10. 20430735　1. 5　6. 999173326

7. 477465877　1. 377207379　−22. 19749267　19. 22805481　5. 608635161

5. 643974913　7. 7　8. 7　−1. 047033405　5. 17　67. 93948127

20. 318782186　17. 23117479　15. 42553191　4. 8　4. 599536441

8. 282583282　3. 456225683　−0. 846919457　−18. 37442848　7. 3127422

4. 383868771　20. 3　9. 5　−8. 498488411　5. 08　−23. 67367367

34. 679031172　14. 47141261　14. 98033987　5. 9　6. 374827654

1. 662431077　1. 350567882　−6. 23047179　18. 06451613　6. 455376784

26. 161442451　−2. 5　8. 8　3. 799559471　5. 05　54. 19203747

17. 729525861　8. 832885532　8. 24685964　−0. 7　2. 348791349

2. 514600418　1. 833065031　22. 83204708　−20. 73113907　6. 039583479

23. 687101768　2. 9　9　−4. 102564103　4. 79　44. 62332928

−11. 007561438　11. 26482559　14. 8606691　3. 3　3. 496155586

7. 536296034　2. 210357644　15. 76874107　−13. 2394592　5. 339699614

10. 748199625　11. 3　9. 1　−4. 07523511　4. 79　−6. 351606805

−2. 538768321　14. 13126524　17. 87970941　5. 4　0. 786610147

6. 762534　2. 1964897　−0. 692648854　−23. 1314　4. 9360769

−17. 97778　5. 6　9. 5　7. 747020377　4. 95　−4. 467770152　13. 2764967

12. 63147759　13. 46222751　2. 6];

rate＝ [10. 9295416000000, 1. 66443466600000, 55. 8336469700000,

−21. 9297186300000, 63. 7432327900000, −61. 0995554600000,

64. 0359397800000, −8. 18652849700000, −2. 56368913300000,

8. 73738209500000, 43. 9963475900000, −8. 86704713600000,

−3. 04998260500000, 33. 8516746400000, −13. 1635388700000,

−12. 0304620800000, −26. 8366869400000, 37. 5439718600000,

69. 7744710500000, −22. 7677348700000, 2. 35982357000000,];

if x (2) ＝＝1

　　data (22,:) ＝x (3: 18);

　　rate (22) ＝x (19);

end

[m n] ＝size (data);

%xx 先行指标　tb 同步指标　zh 滞后指标

```
xx＝find （indexs＝＝1）;
tb＝find （indexs＝＝2）;
zh＝find （indexs＝＝3）;
for i＝1: 7
    xx _ data （:, i） ＝data （:, xx （i））;
end

for i＝1: 6
    tb _ data （:, i） ＝data （:, tb （i））;
end

for i＝1: 3
    zh _ data （:, i） ＝data （:, zh （i））;
end


for i＝1: 7
    temp＝xx _ data （:, i）;
    temp＝ （temp－min （temp）） / （max （temp） －min （temp）） ＋1;
    temp＝temp/sum （temp）;
    p _ xx （:, i） ＝temp;
    E _ xx （i） ＝－sum （temp. * log （temp）） /m;
end
W _ xx＝1－E _ xx;
W _ xx＝W _ xx/sum （W _ xx）;

temp＝ [];
for i＝1: 6
    temp＝tb _ data （:, i）;
    temp＝ （temp－min （temp）） / （max （temp） －min （temp）） ＋1;
```

```
        temp=temp/sum (temp);
        p_tb (:, i) =temp;
        E_tb (i) =-sum (temp.*log (temp)) /m;
end
W_tb=1-E_tb;
W_tb=W_tb/sum (W_tb);


temp= [];
for i=1: 3
        temp=zh_data (:, i);
        temp= (temp-min (temp)) / (max (temp) -min (temp)) +1;
        temp=temp/sum (temp);
        p_zh (:, i) =temp;
        E_zh (i) =-sum (temp.*log (temp)) /m;
end
W_zh=1-E_zh;
W_zh=W_zh/sum (W_zh);


for j=1: 7
        for i=1: m
                if j~=6
                        if xx_data (i, j) >0
                                D_xx (i, j) =1;
                        elseif xx_data (i, j) ==0
                                D_xx (i, j) =0.5;
                        else
                                D_xx (i, j) =0;
                        end
                else
                        if i==1
```

```
                continue;
            else
                if xx _ data (i, j) > xx _ data (i, j-1)
                    D _ xx (i, j) =1;
                elseif xx _ data (i, j) == xx _ data (i, j-1)
                    D _ xx (i, j) =0. 5;
                else
                    D _ xx (i, j) =0;
                end
            end
        end
    end
end

for j=1: 6
    for i=1: m
        if j~=3
            if tb _ data (i, j) >0
                D _ tb (i, j) =1;
            elseif tb _ data (i, j) ==0
                D _ tb (i, j) =0. 5;
            else
                D _ tb (i, j) =0;
            end
        else
            if i==1
                continue;
            else
                if tb _ data (i, j) > tb _ data (i, j-1)
                    D _ tb (i, j) =1;
```

```
            elseif tb _ data (i, j) == tb _ data (i, j-1)
                    D _ tb (i, j) =0. 5;
                else
                    D _ tb (i, j) =0;
                end
            end
        end
    end
end


for j=1: 3
    for i=1: m
        if zh _ data (i, j) >0
            D _ zh (i, j) =1;
        elseif zh _ data (i, j) ==0
            D _ zh (i, j) =0. 5;
        else
            D _ zh (i, j) =0;
        end
    end
end


DI _ xx=D _ xx * W _ xx';
DI _ tb=D _ tb * W _ tb';
DI _ zh=D _ zh * W _ zh';


%plot ( [],,);
rate=zscore (rate);
DI _ xx=zscore (DI _ xx);
DI _ tb=zscore (DI _ tb);
```

```
DI_zh＝zscore（DI_zh）;

if x（1）＝＝1
figure
plot（[1992：1：1992＋m－1], DI_xx, 'kd－'）;
hold on;
plot（[1992：1：1992＋m－1], rate, 'bs－'）;
legend（'标准化同步扩散指数', '标准化柑橘生产者价格增长率'）
xlabel（'年份'）
ylabel（'标准化值'）
string＝'先行扩散指数与柑橘生产者价格指数对比图';
title（string）
end

if x（1）＝＝2
figure
plot（[1992：1：1992＋m－1], DI_tb, 'kd－'）;
hold on;
plot（[1992：1：1992＋m－1], rate, 'bs－'）;
legend（'标准化同步扩散指数', '标准化柑橘生产者价格增长率'）
xlabel（'年份'）
ylabel（'标准化值'）
string＝'同步扩散指数与柑橘生产者价格指数对比图';
title（string）
end

if x（1）＝＝3
figure
plot（[1992：1：1992＋m－1], DI_zh, 'kd－'）;
hold on;
```

```
plot（[1992：1：1992＋m－1]，rate，'bs－'）;
legend（'标准化同步扩散指数'，'标准化柑橘生产者价格增长率'）
xlabel（'年份'）
ylabel（'标准化值'）
string='滞后扩散指数与柑橘生产者价格指数对比图';
title（string）
end


if x（1）==4
figure
plot（[1992：1：1992＋m－1]，DI_xx，'rs－'）;
hold on;
plot（[1992：1：1992＋m－1]，DI_tb，'gd－'）;
hold on;
plot（[1992：1：1992＋m－1]，DI_zh，'b^－'）;
legend（'先行扩散指数'，'同步扩散指数'，'滞后扩散指数'）
xlabel（'年份'）
string='先行、同步、滞后扩散成指数对比';
title（string）;
end


end
```

后　记

本书是在我博士学位论文的基础上修改、充实而成。从选题、结构安排、写作直至最后定稿，我的导师祁春节教授都给予了精心的指导。书稿凝结着祁老师的心血与睿智，学生谨向导师致以真诚的谢意！

本书得到了华中农业大学经济管理学院王雅鹏教授、李崇光教授、张俊飚教授、冯中朝教授、周德翼教授、陶建平教授、李长健教授、青平教授、刘颖教授、罗小锋教授的鼓励与热心扶持。三仓学术出版网在本书出版过程中付出了热切的关注和努力，在此一并郑重致谢。

此外，感谢国家现代农业（柑橘）产业技术体系产业经济研究室全体成员对本研究的支持。与大家在一起实地调研、共同探讨的日子让我对柑橘产业有了真切形象的认知，让我从一个门外汉到逐步了解了柑橘从生产到销售的每一个环节，这无疑对本书的撰写有着巨大的帮助。

最后，我还要特别感谢我的家人。尤其是我的丈夫潘传快博士，在教学和科研工作中，是他和我并肩作战，互相鼓励和支持，共同进步；活泼可爱的女儿妙妙，在苦恼和困惑时给予我甜甜的微笑让我重拾信心，充满斗志。他们的无私奉献和全力支持是我完成本书的重要支撑和潜心研究的依托，谨以此书作为我对家人的回报，并献上我最诚挚的爱！

由于才学所限，本书还存在着相当多的疏漏与遗憾，这是我对寄厚望于我的师友和亲人们的愧疚，唯愿这份愧疚能在今后的工作和研究中，以加倍努力而补偿。

　　青翠的狮子山，恬静的南湖水，它们哺育了一代又一代华农人钟灵神秀的才思，也将继续鼓励我永远践行华中农业大学的校训："勤读力耕，立己达人！"背负如此多关心期望的我，将继续努力前行。

熊　巍

2017 年 4 月 29 日于南湖狮子山

华中农业大学 2015 届博士研究生学位论文